DÉCRET IMPÉRIAL

SUR LA

CIRCONSCRIPTION TERRITORIALE

DU

GRAND-DUCHÉ DE BERG;

AVEC LE TABLEAU

DES DÉPARTEMENTS, DISTRICTS, CANTONS ET COMMUNES

DONT IL SE COMPOSE.

Kaiferliches Decret

über

die Eintheilung

des

Großherzogthums Berg;

nebſt

einer ſpeciellen Ueberſicht

der Departemente, Bezirke, Kantone und Gemeinden, und deren
Bevölkerung.

Düffeldorf, gedruckt bey J. C. Dänzer und Ph. Leers. 1809.

©

Großherzogthum Berg.

Düsseldorf den 10. Februar 1809.

Der Minister des Innern.

Den Buchdruckern Dänzer und Leers dahier, ist die ausschließliche Erlaubniß ertheilt, das Decret Seiner kaiserl. königl. Majestät vom 14 November 1808, mit der dazu gehörigen Beylage, enthaltend die Eintheilung des Großherzogthums Berg, in Departements, Arrondissements und Kantons, und jenes vom 18. December 1808, welches die Verwaltungs-Ordnung enthält, zu drucken und zu verkaufen. In Folge dessen wird also allen Buchdruckern, Buchhändlern, und sonst jedem hiermit verbothen, besagte allerhöchste Decrete und Beylage, ohne besondere Bewilligung der Buchdrucker Dänzer und Leers im Ganzen oder theilweise zu drucken, zu verkaufen, oder die anderwärts gedruckte Exemplaren ins Großherzogthum einzuführen, und es dürfen anders keine Auszüge daraus im Druck herausgegeben werden, als die Anzeige der Zahl und Namen der Departements, Arrondissements und Kantons, unter Strafe der Konfiskation der vorgefunden werdenden Exemplare und der Ersetzung von einem Reichsthaler für Jedes als Schadloshaltung für die Buchdrucker Dänzer und Leers.

Graf von Nesselrode.

Mertens.

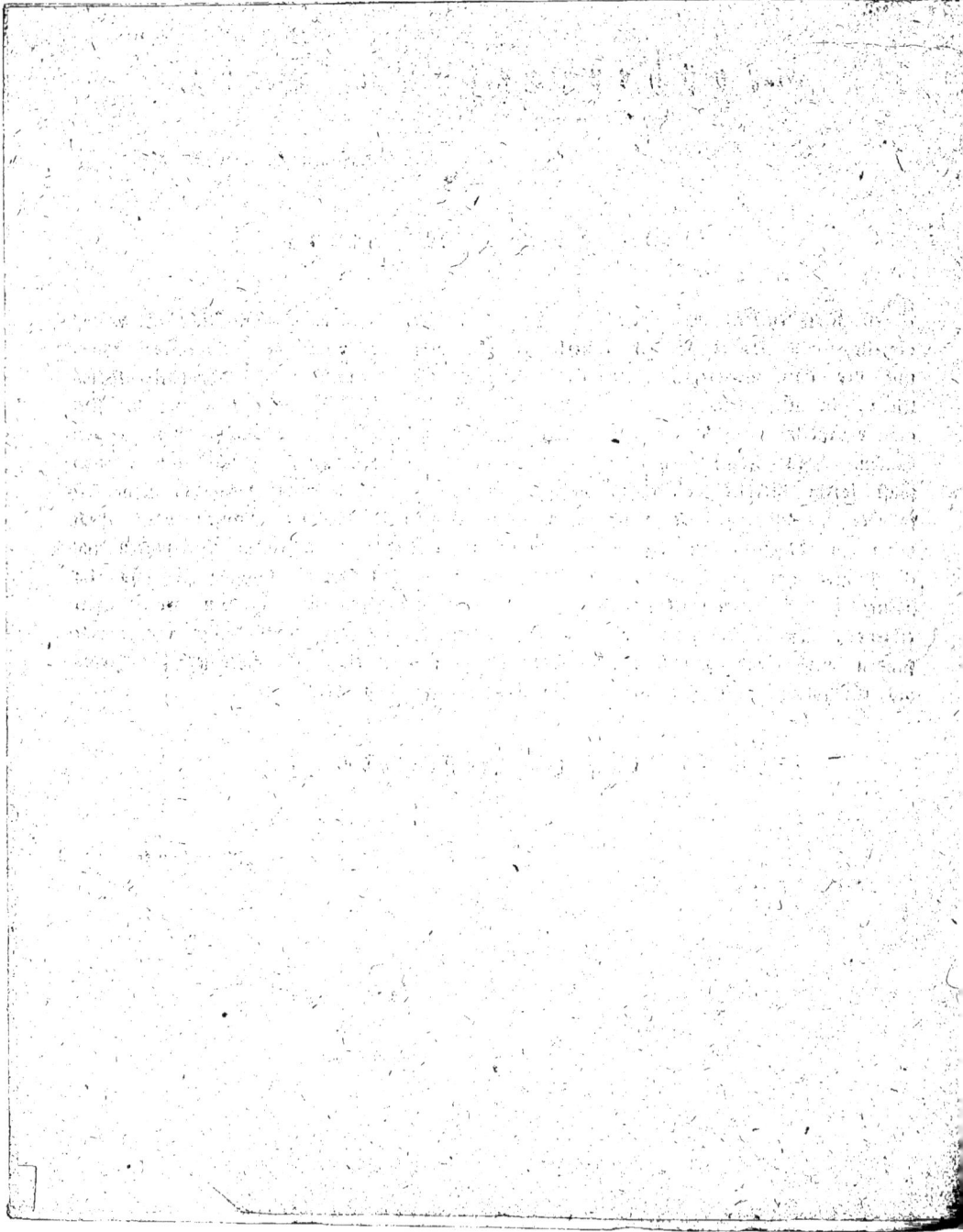

NAPOLÉON

Empereur des Français, Roi d'Italie, Protecteur de la Confédération du Rhin etc. etc. Grand-Duc de Berg et de Clèves.

Sur le rapport de Nos Ministres du Grand-Duché de Berg,

Le Conseil d'Etat entendu,

Nous avons décrété et décrétons.

ART. 1.

Le Grand-Duché de Berg est divisé en quatre Départemens.

I. LE DÉPARTEMENT DU RHIN.

Il est composé de l'ancien Duché de Berg, à l'exception du Baillage de Windeck et d'une partie du Baillage de Blankenberg; des Baillages de Vilich, Wolkenbourg et Deutz, cédés par le Duc de Nassau; des Seigneuries de Broich, Styrum et Hardenberg; des Seigneuries d'Elten, Essen et Werden; de la partie du Duché de Clèves, située sur la rive droite du Rhin, à l'exception de la ville et du territoire de Wesel, cédés à la France, et des Districts de Huissen; Sevenaer et Malbourg, cédés à la Hollande.

Napoleon

Kaiser der Franzosen, König von Italien, Beschützer des Rhein-Bundes 2c. 2c. Großherzog von Berg und Cleve.

Auf den Bericht Unserer Minister für das Großherzogthum Berg, und nach Anhörung des Staatsrathes, Haben Wir beschlossen und beschliessen wie folgt:

Art. 1.

Das Großherzogthum Berg wird in vier Departemente getheilt.

I. Das Departement des Rheins.

Es bestehet aus dem alten Herzogthum Berg, mit Ausnahme des Amtes Windeck und eines Theiles des Amtes Blankenberg; aus den von dem Herzog von Nassau abgetretenen Aemtern Vilich, Wolkenburg und Deutz; aus den Herrschaften Broich, Styrum und Hardenberg; aus den Herrlichkeiten Elten, Essen und Werden; und aus dem auf dem rechten Rhein-Ufer gelegenen Theile des Herzogthums Cleve, mit Ausschluß der an Frankreich abgetretenen Stadt Wesel und des dazu gehörigen Gebietes, und der an Holland überlassenen Districte Huissen, Sevenaer und Malburgen.

Sa population est de 322,284 habitans.

La ville de Dusseldorf en est le chef-lieu.

Il est divisé en quatre Districts ou Arrondissemens;

DUSSELDORF, — ELBERFELD, — MULHEIM, — ESSEN.

II. LE DÉPARTEMENT DE LA SIEG.

Il est composé du Baillage de Windeck et d'une partie du Baillage de Blankenberg, des Seigneuries de Hombourg, Gimborn-Neustadt et Wildenbourg, de la Principauté de Siegen, de la Principauté de Dillenbourg [à l'exception du Baillage de Bourbach, faisant partie du Duché de Nassau] de la Seigneurie de Beilstein, de la Principauté de Hadamar, de la partie des Seigneuries de Schadeck et de Runkel, située sur la rive droite de la Lahn, et de la Seigneurie de Westerbourg.

Sa population est de 133,070 habitans.

La ville de Dillenbourg en est le chef-lieu.

Il se devise en deux Districts ou Arrondissemens;

SIEGEN, — DILLENBOURG.

III. LE DÉPARTEMENT DE LA RUHR.

Il est composé du Comté de la Mark, du Comté de Dortmund, du Comté de

Seine Bevölkerung ist 322,284 Seelen.

Die Stadt Düsseldorf ist darin der Haupt-Ort.

Es wird in vier Bezirke oder Arrondissements getheilt;

Düsseldorf, — Elberfeld, — Mülheim, — Essen.

II. Das Departement der Sieg.

Es bestehet aus dem Amte Windeck und einem Theile des Amtes Blankenberg; aus den Herrschaften Homburg, Gimborn-Neustadt und Wildenburg; aus den Fürstenthümern Siegen und Dillenburg, von letzterm das zu dem Herzogthum Nassau gekommene Amt Burbach ausgenommen; aus der Herrschaft Beilstein; aus dem Fürstenthum Hadamar; aus dem auf dem rechten Lahn-Ufer gelegenen Theile der Herrschaften Schadeck und Runkel und aus der Herrschaft Westerburg.

Seine Bevölkerung ist 133,070 Seelen.

Die Stadt Dillenburg ist darin der Haupt-Ort.

Es wird in zwey Bezirke oder Arrondissements getheilt;

Siegen, — Dillenburg.

III. Das Departement der Ruhr.

Es bestehet aus den Grafschaften Mark, Dortmund und Limburg; aus einem Theile

Limbourg, d'une partie de la Principauté de Munster, de la Seigneurie de Rhéda, de la ville de Lippstadt et de ses dépendances.

Sa population est de 212,602 habitans.

La ville de Dortmund en est le chef-lieu.

Il est divisé en trois Districts ou Arrondissemens;

DORTMUND, — HAGEN, — HAMM.

IV. LE DÉPARTEMENT DE L'EMS.

Il est composé de la plus grande partie de la Principauté de Munster, des Comtés de Horstmar et Rheina-Wolbeck, des Comtés de Steinfurth et Bentheim, des Comtés de Lingen et Tecklenbourg.

Sa population est de 210,201 habitans.

La ville de Munster en est le chef-lieu.

Il est divisé en trois Districts ou Arrondissemens;

MUNSTER, — COESFELD, — LINGEN.

ART. 2.

Les Cantons et Communes, dont se composent les Districts, seront désignés, ainsi que leurs limites et celles des Départemens et Districts, dans le tableau qui sera annéxé au présent décret.

ART. 3.

Nos Ministres dans le Grand-Duché de Berg sont chargés de l'exécution du présent décret.

Donné en Notre Camp Impérial de Burgos le 14 Novembre 1808.

Signé : NAPOLÉON.

Pour Copie conforme,

Le Comte de l'Empire, Ministre des Finances,
Signé : GAUDIN.

Art. 5.

Unsere Minister für das Großherzogthum Berg sind mit der Vollziehung dieses Beschlusses beauftragt.

Gegeben in Unserm kaiserlichen Haupt-Quartier zu Burgos den 14. November 1808.

Unterz: Napoleon.

Für gleichlautende Abschrift,

der Reichs-Graf und Finanz-Minister,

Unterz: Gaudin.

Uebersicht

der

Departemente, Bezirke, Kantone und Gemeinden

des

Großherzogthums Berg.

Departement des Rheins.

Dieses Departement bestehet aus dem alten Herzogthum Berg, mit Ausnahme des Amtes Windeck und eines Theiles des Amtes Blankenberg;

aus den durch den Herzog von Nassau abgetretenen, ehemals zu dem Kurfürstenthum Kölln gehörigen Aemtern Vilich, Wolkenburg und Deutz;

aus den Herrlichkeiten Elten, Essen und Werden;

aus den Herrschaften Broich, Styrum und Hardenberg;

und aus dem auf dem rechten Rhein-Ufer gelegenen Theile des Herzogthums Cleve, mit Ausnahme der an Frankreich abgetretenen Stadt Wesel und des dazu gehörigen Gebietes, und der an Holland überlassenen Districte Huissen, Sevenaer und Malburgen.

Seine Bevölkerung ist 322,284 Seelen.

Das Departement ist auf folgende Weise begränzet:

gegen Mitternacht, von dem Königreiche Holland, nämlich durch eine Linie, welche von der Spitze des Kyffwardes an dem Waal=Strome, bis zu dem alten Strome gleiches Namens, den genannten Ward umgibt, und demnächst diesem Strome bis zur S'Graevens wardischen Schleuse folgt; hiernächst gehet sie mit der alten Gränze bis zu dem von dem Spyck kommenden alten Rhein, folgt dann diesem letzteren bis zum Hauberg, und lehnt sich hierauf an den vor dem Kykwitt vorbeygehenden alten Rhein, mit welchem sie bis zu dem Gelderischen Ward fortgehet; sie folgt demnächst der alten Gränze des Herzogthums Cleve bis zur Nootebom'schen Schleuse, von wo an sie, längst des Grabens am Fuße des Babber rischen Deiches, bis zu der Post=Straße von Elten auf Arnheim, führet; sie gehet hierauf, bis auf ungefähr 100 Toisen (52 Rheinl. Ruthen.) mit dieser Straße zurück, und vereinigt sich dann mit der alten Gränze von Elten, welche sie bis zu der an das Amt Diedam sich anschließenden holländischen Gränze verfolgt; von hier führet sie, längst der bestehenden Gränze zwischen dem Herzogthum Cleve und dem Königreiche Holland, bis unweit der Stadt Anholt auf der Salmischen Gränze;

und von dem Fürstenthum Salm, welches von Anholt bis nördlich der Stadt Scherm beck, durch die bestehende Gränze des Herzogthums Cleve, von dem Großherzogthum Berg sich trennt;

gegen Morgen, von dem Fürstenthum Salm und von dem Herzogthum Aremberg, nämlich: durch die östliche Gränze des Herzogthums Cleve, von nördlich der Stadt Scherm beck, gegen Mittag, bis auf die mitternächtliche Gränze des Amtes Essen; — die Gränze folgt dann dieser letztern, gegen Morgen, bis sie, bey dem Eintritte des Emster=Baches in das Land Essen, die Gränze der Grafschaft Mark erreicht;

von der Grafschaft Mark, nämlich durch die Gränze, welche diese Grafschaft von den Herr lichkeiten Essen und Werden, von der Herrschaft Hardenberg, und von dem alten Herzogthum Berg, bis zur Gimborn=Neustädtischen Gränze, trennt;

und endlich durch die westliche Gränze der Grafschaft Gimborn=Neustadt, und durch eine Linie, welche die Kirchspiele Much, Winterscheid und Eytorf, in dem alten Herzogthum Berg, gegen Abend, umschließt, ehe sie, südlich von dem Dorfe Eytorf, mit der mittäglichen Gränze des genannten Herzogthums sich vereinigt;

gegen Mittag, von dem Herzogthum Nassau, nämlich durch die bestehende Gränze zwi schen dem alten Herzogthum Berg und den Nassau=Weilburgischen und Usingischen Ländern, von südlich des Dorfes Eytorf bis auf den Rhein, welchen letztern sie unweit des bergischen Dorfes Honnef erreicht;

und gegen Abend, durch den Rhein, welcher die Gränze des französischen Kaiserreiches bildet, ausgenommen bey dem Gebiete von Wesel, wo sie der Gränze dieses Gebietes folget.

Das Rhein-Departement ist in vier Bezirke oder Arrondissements getheilt.

Bezirk oder Arrondissement Düsseldorf.

Dieser Bezirk wird auf folgende Weise begränzet:

gegen Mitternacht, durch eine Linie welche die Dörfer Wanheim und Angerhausen aus dem Amte Duisburg, die Aemter Angermund und Landsberg, und die Herrschaft Hardenberg gegen Mitternacht umschließt;

gegen Morgen, durch die Gränze zwischen der Herrschaft Hardenberg und der Grafschaft Mark, und durch eine Linie welche die Aemter Hardenberg und Schöller, die Kirchspiele Hilden und Haan aus dem Amte Solingen, und das Amt Miselohe umgibt;

gegen Mittag, durch die mittägliche Gränze des Amtes Miselohe;

und gegen Abend, durch den Rhein.

Seine Bevölkerung ist 80,498 Seelen.

Der Bezirk Düsseldorf ist in sechs Kantone getheilt.

1. Der Kanton Düsseldorf,

welcher folgende Gemeinden enthält:

Düsseldorf, Stadt, Haupt-Ort;

und die Gemeinden des Amtes Düsseldorf, nämlich:

Hamm,	Dorf;	Pempelfort	Dorf;
Volmerswerth,	—	Flingern und	
Flehe,	—	Grafenberg	—
Bilk, Stöffeln und		Derendorf,	—
Lierenfeld	—	Moersenbruch,	—
Oberbilk,	—	Golzheim,	—

Die Bevölkerung dieses Kantons ist 19,472 Seelen.

2. Der Kanton Ratingen,

welcher folgende Gemeinden enthält:

Ratingen, Stadt, Haupt-Ort;

Kaiserswerth, Stadt;

folgende Gemeinden des Amtes Angermund:

Angermund,	Flecken;	Serm,	Honnschaft;
Rath,	Honnschaft;	Huckingen,	—
Lohausen,	—	Lintorf,	—
Stockum,	—	Eggerscheid,	—
Kalkum,	—	Bracht,	—
Einbrungen,	—	Eckamp,	—
Wittlar	—	Homberg,	—
Bockum,	—	Belscheid,	—
Mündelheim,	—	Höfel,	—
Ehingen,			

Die Gemeinden des Amtes Landsberg, nämlich:

Breitscheid,	Honnschaft;	Mintard,	Honnschaft;
Selbeck,	—	Laupendahl,	

und die Dörfer Wanheim und Angerhausen von dem Amte Duisburg.

Die Bevölkerung dieses Kantons ist 13,713 Seelen.

3. Der Kanton Velbert,

welcher folgende Gemeinden enthält:

Velbert, Dorf des Amtes Angermund, Haupt-Ort;

folgende Gemeinden des nämlichen Amtes:

Hetterscheid,	Honnschaft;	Nützhausen,	Honnschaft;
Laubeck,	—	Krewinkel,	—
Hasselbeck,	—	Tüschen,	—
Flandersbeck	—	Oeft,	—
Isenbögel			

folgende Gemeinden des Amtes Mettmann:

Püttbach, Honnschaft; — Erbach, Honnschaft.

Die Honnschaften Ober-Düssel und Unter-Düssel von dem Amte Schöller; und die Gemeinden des Amtes Hardenberg, nämlich:

Neviges,	Honnschaft;	Untensiebeneick,	Honnschaft;
Kleinhöhe,	—	Langenberg,	—
Großhöhe,	—	Walmigrath,	—
Kuhlendahl	—	Nottberg,	—
Nordrath	—	Bosnacken,	—
Windrath,	—	Richrath,	—
Obensiebeneick,	—	Dilldorf,	—

Die Bevölkerung dieses Kantons ist 11,703 Seelen. —

4. Der Kanton Mettmann,

welcher folgende Gemeinden des Amtes Mettmann enthält:

Mettmann, Flecken, Haupt-Ort;		Unterbach,	Honnschaft;
Gerresheim, Stadt;		Erkrath,	—
Oberschwarzbach,	Honnschaft;	Dorp,	—
Niederschwarzbach,	—	Hubbelrath,	—
Metzkausen,	—	Hasselbeck,	—
Laubach,	—	Krumbach,	—
Diepensiepen,	—	Morp,	—
Ellscheid,	—	Vennhausen,	—
Mülrath,	—	Ludenberg,	—
Bruchhausen,	—		

folgende Gemeinden des Amtes Schöller:

Schöller,	Honnschaft;	Obgruiten,	Honnschaft;
Gruiten,	—	Obmettmann,	—

Die Honnschaften Schwarzbach und Meyersberg von dem Amte Angermund; und das Kirchspiel Haan, mit den dazu gehörenden Bauerschaften und Höfen.

Die Bevölkerung dieses Kantons ist 11,276 Seelen.

5. Der Kanton Richrath,

welcher folgende Gemeinden enthält:

Richrath, Dorf, Haupt-Ort;

2)

und die Honnschaften des Kirchspiels gleichen Namens, nämlich:

Berghausen, — Immigrath und — Wischeid;

Das Kirchspiel Hilden, welches aus den Honnschaften

Sand, — Leim, und — Haan bestehet;

Eller, Dorf des Amtes Mettmann; und die Gemeinden des Amtes Monheim, nämlich:

Monheim,	Dorf u. dessen Zubehörungen	Wersten	Dorf;
Reusrath,	—	Holthausen,	—
Rheindorf,	—	Itter,	—
Hittorf,	—	Himmelgeist,	—
Baumberg,	—	Blee,	Honnschaft;
Urdenbach,	—	Garath,	—
Benrath,	—		

Die Bevölkerung dieses Kantons ist 10,714 Seelen.

6. Der Kanton Opladen,

welcher folgende Gemeinden enthält:

Die Gemeinden des Amtes Miselohe, nämlich:

Opladen,	Dorf, Haupt-Ort;	Neukirchen,	Dorf;
Leichlingen,	Dorf;	Steinbüchel,	—
Burscheid,	—	Schlebusch,	—
Lützenkirchen,	—	Wisdorf,	—
Witzhelden,	—	Bürrig,	—

Die Bevölkerung dieses Kantons ist 13,620 Seelen.

Bezirk oder Arrondissement Elberfeld.

Dieser Bezirk wird auf folgende Weise begränzet;

gegen Mitternacht, durch die gemeinschaftliche Gränze der Grafschaft Mark und des alten Herzogthums Berg, von der Hardenbergischen Gränze bis zu dem Austritte des Ennepe-Baches aus dem Bergischen Amte Beyenburg;

gegen Morgen, durch die gemeinschaftliche Gränze der Grafschaft Mark und des Herzogthums Berg, von dem Austritte des Ennepe-Baches aus dem Amte Beyenburg bis zur Gränze von Gimborn-Neustadt.

gegen Mittag, durch eine Linie, welche das Gebiet von Wipperfürth, und die Kirchspiele Wipperfeld, Olpe, Kürten und Bechen, aus dem Amte Steinbach, gegen Mittag umgibt, und welche demnächst an die östliche Gränze des Amtes Odendahl sich anlehnt, und mit dieser bis zur Gränze von Miselohe führet;

Und gegen Abend, von dem Bezirke Düsseldorf.

Seine Bevölkerung ist 96,471 Seelen.

Dieser Bezirk zerfällt in sieben Kantone.

1. Der Kanton Elberfeld,

welcher folgende Gemeinden enthält:

Elberfeld, Stadt, Haupt-Ort;
und die übrigen Zubehörungen des Kirchspiels gleichen Namens;
Somborn, Dorf des Amtes Solingen.

Die Bevölkerung dieses Kantons ist 18,071 Seelen.

2. Der Kanton Barmen,

welcher folgende Gemeinden enthält:

Barmen, Stadt, Haupt-Ort;
und die sogenannten Rotten welche zu den beyden Kirchspielen Ober- und Unter-Barmen, aus welchen letzteren das ganze Amt Barmen bestehet, noch gehören.

Die Bevölkerung dieses Kantons ist 14,304 Seelen.

3. Der Kanton Ronsdorf,

welcher folgende Gemeinden enthält:

Ronsdorf, Stadt, Haupt-Ort;
Remscheid, Dorf und Kirchspiel des Amtes Bornefeld;
Kronenberg, Dorf und Kirchspiel des Amtes Elberfeld.

Die Bevölkerung dieses Kantons ist 12,737 Seelen.

4. Der Kanton Lennep,

welcher folgende Gemeinden enthält:

Lennep, Stadt, Haupt-Ort mit ihrem Gebiete;
Rade vorm Wald, Stadt, mit ihren Zubehörungen.

Die Gemeinden des Amtes Beyenburg, nämlich:

Beyenburg,	Dorf;	Garschhagen,	Honnschaft;
Lüttringhausen	—	Walbrecken,	—
Hohenhagen, ·	Honnschaft;	Rade und Remlingrade, Kirchspiele;

und die Gemeinden des Amtes Hückeswagen, nämlich:

Hückeswagen,	Dorf;	Lüdorf,	Honnschaft;
Berghausen,	Honnschaft;	und die große Honnschaft.
Herdingsfeld,		

Die Bevölkerung dieses Kantons ist 15,431 Seelen.

5. Der Kanton Wipperfürth,

welcher folgende Gemeinden enthält:

Wipperfürth, Stadt, Haupt-Ort, mit ihrem Gebiete und den übrigen Zubehörungen des Kirchspiels gleiches Namens;

und folgende Gemeinden des Amtes Steinbach:

Wipperfeld,	Dorf;	Kürten,	Honnschaft;
Schneppe,	Honnschaft;	Breybach,	—
Schwarzen,	—	Kollenbach,	—
Olpe,	—	Engelsdorf,	—
Berg,	—	Bechen,	
Dierdorf,	—		

Die Bevölkerung dieses Kantons ist 10,113 Seelen.

6. Der Kanton Wermelskirchen,

welcher folgende Gemeinden des Amtes Bornefeld enthält:

Wermelskirchen, Dorf, Haupt-Ort;
und die übrigen Zubehörungen des Kirchspiels gleiches Namens;
die Kirchspiele Dhün und Dabringhausen, mit ihren Zubehörungen;
die fünfzehn Höfe, und die Freyheit Burg mit ihrem Gebiete.

Die Bevölkerung dieses Kantons ist 9,580 Seelen.

7. Der Kanton Solingen,

welcher folgende Gemeinden des Amtes Solingen enthält:

Solingen,	Stadt, Haupt-Ort;	Widdert,	Honnschaft;
Dorp,	Honnschaft;	Höhescheid,	—
Balkhausen.	—	Katernberg,	

Hackhausen,	Honnschaft;	Scheid,	Honnschaft;
Ruppelrath,	—	Limmighoven,	—
Itter,	—	Bavert,	—
Gräfrath,	—	Barl,	—
Ketzberg,		Schnittert,	

Die Bevölkerung dieses Kantons ist 16,235 Seelen.

Bezirk oder Arrondissement Mülheim.

Dieser Bezirk wird auf folgende Weise begränzet:

gegen Mitternacht, von den Bezirken Elberfeld und Düsseldorf, nämlich durch die mittäglichen Gränzen dieser Bezirke;

gegen Morgen, durch die östliche Gränze des Rhein-Departements, von und mit der westlichen Gränze der Grafschaft Gimborn-Neustadt, bis zu ihrem Ende, auf der mittäglichen Gränze des Herzogthums Berg;

gegen Mittag, von dem Herzogthum Nassau, nämlich durch die mittägliche Gränze des Rhein-Departements, so wie dieselbe oben beschrieben ist;

und gegen Abend, durch den Rhein.

Die Bevölkerung dieses Bezirkes ist 72,924 Seelen.

Er ist in sechs Kantone getheilt.

1. Der Kanton Mülheim,

welcher folgende Gemeinden enthält:

Mülheim am Rhein, Stadt, Haupt-Ort; — Deutz, Stadt.

Die Gemeinden des Amtes Deutz, nämlich:

Poll und Rolshofen, — Vingst und Gremberg, — Kalk, Honnschaften;

folgende Gemeinden des Amtes Porz:

Dünwald,	Honnschaft;	Brück,	Honnschaft;
Flittard,	—	Rath,	—
Stamheim,	—	Urbach.	
Merheim u. Ostheim	—	Eyl,	—
Wichem u. Schweinheim,	—	Elsdorf,	—
Thurn u. Strunden,	—	Wahn,	—

Lind,	Honnschaft,	Porz,	Honnschaft;
Liebour,	—	Ensen,	—
Oberzündorf,	—	Westhofen,	—
Langel,	—	Heumar,	—
Niederzündorf,	—		

Die Bevölkerung dieses Kantons ist 13,309 Seelen.

2. Der Kanton Bensberg,

welcher folgende Gemeinden enthält:

Bensberg, Dorf, Haupt-Ort;

Odendahl, Dorf, mit den übrigen Zubehörungen der beyden Kirchspiele gleiches Namens;

folgende Gemeinden des Amtes Porz:

Dürscheid,	Honnschaft;	Kombuchen,	Honnschaft;
Herkenrath,	—	Paffrath,	—
Immekeppel,	—	Gladbach,	—
Eschbach,	—	Gronau	—
Refrath,	—	Sand,	—

die Gemeinden des Vottamtes Vollberg, nämlich:

Vollberg,	Honnschaft;	Roesrath,	Honnschaft;
Forsbach,	—	Menzlingen,	—
Bleyfeld,	—	Hasbach,	—
Lughausen,			

Die Bevölkerung dieses Kantons ist 9,403 Seelen.

3. Der Kanton Lindlar,

welcher folgende Gemeinden enthält:

Lindlar,	Dorf, Haupt-Ort;	Breitenbach,	Honnschaft;
Breuel,	Honnschaft;	Engelskirchen,	—
Scheel,	—	Overath,	—
Remshagen,	—	Oberscheid,	—
Oberhelling,	—	Burger,	—
Unterhelling,	—	Heiliger,	—
Stolzenbach,	—	Valker,	—
Ommer,	—	Miebach,	—

Bilkrath, Honnschaft;   Wellingen, Honnschaft;
Lodderich, —   Tuschen, —
Hohekeppel,
sämmtlich Gemeinden des Amtes Steinbach.

Die Bevölkerung dieses Kantons ist 9,143 Seelen.

4. Der Kanton Siegburg,

welcher folgende Gemeinden enthält:
Siegburg, Stadt, Haupt-Ort;
die Gemeinden der Vogtey Siegburg, nämlich:
Troisdorf, Dorf; — Wolsdorff, Dorf;
folgende Gemeinden des Amtes Lövenberg:

Sieglar,	Honnschaft;	Niederkassel,	Honnschaft;
Eschmar,	—	Uckendorf,	—
Spich,	—	Stockum,	—
Rheid,	—		

die Gemeinden des Bottamtes Scheiderhöhe, nämlich:
Scheiderhöhe, — Altenrade, Honnschaften;
folgende Gemeinden des Amtes Blankenberg:

Lohmar,	Honnschaft;	Honrath,	Honnschaft;
Halberg,	—	Walscheid,	—
Breidt,	—	Gelscheid,	—
Ingern,			

und die Kirchspiele des Amtes Lülsdorf, nämlich:
Lülsdorf und Ranzel; — Bergheim und Müllekoven; — Mondorf.

Die Bevölkerung dieses Kantons ist 15,034 Seelen.

5. Der Kanton Hennef,

welcher folgende Gemeinden des Amtes Blankenberg enthält:

Hennef, Dorf, Haupt-Ort;		Kurscheid,	Honnschaft;
Blankenberg, Stadt und derselben		Braschoß,	—
Zubehörungen;		Happerschoß,	—
Geistingen,	Honnschaft;	Altenbödingen,	—
Soeven,	—	Eigen,	—

Lauthausen,	Honnschaft;	Oberhau,	Honnschaft;
Striefen,	—	Uckerath,	—
Stieldorf,	—	Wellersberg,	—
Birlekoven,	—	Lichtenberg,	—
Rauschendorf,	—	Adscheid,	—
Ohlekoven,	—	Bulgenauel,	—
Binzel,	—	Neunkirchen,	—
Oberpleisse,	—	Herkenroth,	—
Wahlfeld,	—	Sontgeroth,	—
Berghausen,	—	Eyscheid,	—
Hasenpol,	—	Wolperoth,	—

Die Bevölkerung dieses Kantons ist 13,757 Seelen.

6. Der Kanton Königswinter,

welcher folgende Gemeinden enthält:

Königswinter, Stadt, Haupt-Ort; — Ittenbach, Dorf;

folgende Gemeinden des Amtes Löwenberg:

Heisterbacherrott,	Honnschaft;	Beuel,	Honnschaft;
Honnef,	—	Limperich,	—
Aegidienberg,	—	Ramersdorf,	—
Oberdollendorf,	—	Pützchen,	—
Niederdollendorf,	—	Bechlinghofen,	—
Oberkassel,	—	Holtdorf,	—
Küdekoven,	—		

folgende Gemeinden des Amtes Blankenberg:

Obermenden,	Honnschaft;	Müllendorf,	Honnschaft;
Untermenden,	—	Hangelohr,	—
Bustorf,	—	Holzlohr,	—
Niederpleiß,	—	Meindorf,	—

und die Gemeinden des Amtes Vilich, nämlich:

Vilich-Müldorf,	Honnschaft;	Geislar,	Honnschaft;
Vilich,	—	Rheindorf,	—

Die Bevölkerung dieses Kantons ist 12,278 Seelen.

Bezirk oder Arrondissement Essen.

Dieser Bezirk wird auf folgende Weise begränzet:

gegen Mitternacht, von dem Königreiche Holland und dem Fürstenthum Salm, nämlich: durch die nördliche Gränze des Rhein-Departements, so wie dieselbe oben beschrieben ist;

gegen Morgen, von dem Fürstenthum Salm und von dem Herzogthum Aremberg, nämlich durch die oben beschriebene östliche Gränze des Rhein-Departements, von nördlich der Stadt Schermbeck, gegen Mittag, bis zu Ende der gemeinschaftlichen Gränze zwischen den Abteyen Essen und Werden und der Grafschaft Mark;

gegen Mittag, von dem Bezirke Düsseldorf, nämlich durch die nördliche Gränze dieses Bezirkes, so wie dieselbe oben beschrieben ist;

und gegen Abend, durch den Rhein.

Die Bevölkerung dieses Bezirkes ist 72,391 Seelen.

Er ist in sieben Kantone getheilt:

1. Der Kanton Essen,

welcher folgende Gemeinden enthält:

Essen, Stadt, Haupt-Ort; — Steele, Stadt;

folgende Gemeinden des Amtes Essen:

Frillendorf,	Bauerschaft;	Holthausen,	Bauerschaft;
Hüttrop,	—	Borbeck,	—
Kraye,	—	Klein-Schönebeck,	—
Leythe,	—	Bellingrade,	—
Rottenscheid,	—	Frintrop,	—
Holsterhausen,	—	Delwig,	—
Altendorf,	—	Gerschede,	—
Frohnhausen,	—	Vogelheim,	—
Alten-Essen,	—	Bocholt,	—
Katernberg,	—	Lippern,	—
Rotthausen,	—	Lyrich,	—
Gros-Schönebeck,	—	Rellinghausen,	—
Stoppenberg,	—	Bergerhausen,	—
Katnap,	—	Hinsel,	—
Heyde,	—		

Die Bevölkerung dieses Kantons ist 12,051 Seelen.

3)

2. Der Kanton Werden,

welcher folgende Gemeinden enthält:

Werden, Stadt, Haupt-Ort; — Kettwig, Flecken;

Die Gemeinden des Amtes Werden, nämlich:

Kettwiger-Umstand	Honnschaft;	Hamm,	Honnschaft;
Jckten,	—	Hinsbeck,	—
Roßkoten,	—	Rodberg,	—
Schuiren,	—	Klein-Umstand,	—
Bredeney,	—	Heidthausen,	—
Heisingen,	—	Holsterhausen,	—
Fischlaken,	—	und das Gericht Byfang aus dem Amte Essen

Die Bevölkerung dieses Kantons ist 7589 Seelen.

3. Der Kanton Duisburg,

welcher folgende Gemeinden enthält:

Duisburg,	Stadt, Haupt-Ort;	Mülheim an der Ruhr,	Stadt;
Ruhrort,	Stadt,	Düssern,	Dorf;

Meyderich, Dorf; mit den übrigen Zubehörungen der ehemaligen Herrlichkeit gleiches Namens;

Die übrigen Gemeinden des Amtes Broich und Styrum, nämlich:

Saaren,	Honnschaft;	Radt,	Honnschaft;
Holthausen,	—	Broich,	—
Altstaden,	—	Styrum,	—
Eppinghoven,	—	Speldorf,	—
Mellinghoven,	—	Dümpten,	—
Heissen,	—	Julerum,	—
Harpop,	—	Menden,	—

Die Bevölkerung dieses Kantons ist 17,955 Seelen.

4. Der Kanton Dinslaken,

welcher folgende Gemeinden enthält:

Dinslaken, Stadt, Haupt-Ort; — Holten, Stadt;

die übrigen Gemeinden des Amtes Dinslaken, nämlich:

Hamborn,	Dorf;	Eppinghofen,	Bauerschaft;
Hiesfeld,	—	Altenrade,	—
Walsum,	Bauerschaft;	Wehofen,	
Overbruch,		Die Bauerschaft Byfang des Amtes Holten;	

Die Gemeinden des Amtes Beek, nämlich:

Beek,	Dorf;	Marxlohe,	Bauerschaft;
Sterkrade,		Bruckhausen,	
Laer u. Stockum,	Bauerschaft;	Buschhausen,	—
Alsum,	—		

Die Gemeinden des Amtes Götterswickerhamm, nämlich:

Götterswickerhamm,	Dorf;	Görsicke,	Bauerschaft;
Mehrum,	Bauerschaft;	Möllen,	—
Löhnen,	—		

Die Gemeinden des Amtes Spellen, nämlich:

Spellen,	Dorf;	Mehr,	Bauerschaft;
Emmelsum,	Bauerschaft;	Ork,	—

Die Gemeinden der Herrlichkeit Vörde, nämlich:

Vörde, — Stockum und — Holthausen Bauerschaften;

Die Gemeinden der Herrlichkeit Hünxe, nämlich:

Hünxe,	Dorf;	Bruckhausen,	Bauerschaft;
Buchholtwelm,	Bauerschaft;	Krudenburg,	Rittersitz;

und die Gemeinden der Herrlichkeit Gahlen-Bühl, nämlich:

Gahlen und Bühl, Dörfer und Bauerschaften;

Die Bevölkerung dieses Kantons ist 10,601 Seelen.

5. Der Kanton Ringenberg,

welcher folgende Gemeinden enthält:

Ringenberg, Dorf, Haupt-Ort, mit seinem Gebiete; — Schermbeck, Stadt;

die übrigen Gemeinden des Amtes Schermbeck, nämlich:

Drevenack,	Bauerschaft;	Dämmer-Wald,	Bauerschaft;
Damm,	—	Weseler-Wald,	—
Bricht,			

folgende Gemeinden des Amtes Wesel:

Flüren,	Bauerschaft;	} inwiefern dieselben nicht zu dem an Frankreich abgetretenen Gebiete der Stadt Wesel gehören.
Lakhausen,	—	
Obrighofen,	—	

Brünen, Dorf, mit den übrigen Zubehörungen des Amtes gleiches Namens;

Die Gemeinden des Amtes Bislich, nämlich:

Bislich,	Dorf;	Vissel,	Bauerschaft;
Vanum,	Bauerschaft;	Jockern,	—
Bergen,	—	Mars,	—

Lohe,	Bauerschaft;	Dyckgart,	Bauerschaft;
Schütwich,		Marwick,	
Steenberg, und		Laak,	
Veltwick,		Ellern u. Wald,	

und die Herrlichkeiten Hamminkeln und Dießfurt.

Die Bevölkerung dieses Kantons ist 7,353 Seelen.

6. Der Kanton Rees,

welcher folgende Gemeinden enthält:

Rees, Stadt, Haupt-Ort; — Isselburg, Stadt;

Die übrigen Gemeinden des Amtes Rees, nämlich:

Loikum,	Dorf;	Herken,	Bauerschaft;
Heern,	Bauerschaft;	Verswyck,	

Die Gemeinden des Amtes Hetter, nämlich:

Esserden,	Bauerschaft;	Reeserward,	Bauerschaft;
Speldorf,			

die Gemeinden der Herrlichkeit Millingen und Huerl, nämlich:

Millingen,	Dorf;	Heeden,	Bauerschaft;
Huerl,	Bauerschaft;	Vehlingen,	

und die Herrlichkeiten Haffen-Mehr, Wertherbruch, Sonsfeld, Halbern, Aspel und Groin.

Die Bevölkerung dieses Kantons ist 7,772 Seelen.

7. Der Kanton Emmerich,

welcher folgende Gemeinden enthält:

Emmerich, Stadt, Haupt-Ort;		Lobith,	Dorf;
Elten,	Dorf;		

die Bauerschaften des Amtes Emmerich, nämlich:

Hutum, — Braffelt, — Spyck, — S'Graevenward;

das Kirchspiel Grieterbusch;

die Herrlichkeiten Offenberg, Praest, und Dornick, Hueth, Vienen und Androp, Wehl, Hüllhausen und Gronstein;

und die Territoria Bylandsward, Kyffward, Rootenbom und Steenward.

Die Bevölkerung dieses Kantons ist 9,170 Seelen.

Departement der Sieg.

Dieses Departement bestehet aus dem Amte Windeck und einem Theile des Amtes Blankenberg;

aus den Grafschaften Homburg und Gimborn-Neustadt;

aus der Herrschaft Wildenburg;

aus den Fürstenthümern Siegen und Dillenburg, von letzterm die zu dem Herzogthum Nassau gehörenden Aemter Burbach und Wehrheim ausgenommen;

aus der Herrschaft Beilstein;

aus dem Fürstenthum Hadamar;

aus den Herrschaften Schadeck und Westerburg; und

aus dem auf dem rechten Lahn-Ufer gelegenen Theile der eigentlichen Herrschaft Runkel.

Seine Bevölkerung ist 133,070 Seelen.

Das Departement ist auf folgende Weise begränzet:

gegen Mitternacht, von der Grafschaft Mark, nämlich, durch die gemeinschaftliche Gränze dieser Grafschaft und des Landes Gimborn-Neustadt;

und von dem, zu dem Großherzogthum Hessen gehörenden, ehemaligen Herzogthum West-phalen; diese Gränze wird gebildet durch die gemeinschaftliche Gränze des genannten Herzog-thums und der Grafschaft Gimborn-Neustadt, von Bracht, auf der märkischen Gränze, bis auf die Gränze des alten Herzogthums Berg; von hier folgt sie dieser letztern bis zur nörd-lichen Gränze der Herrschaft Wildenburg, mit welcher sie demnächst bis zur nördlichen Gränze des Fürstenthums Siegen fortgehet; hierauf folgt sie dieser Gränze bis dieselbe auf das zum Großherzogthum Hessen gehörende Sayn-Wittgensteinische Territorium trifft;

gegen Morgen, von dem Großherzogthum Hessen, nämlich durch die gemeinschaftliche Gränze zwischen den Fürstenthümern Siegen und Dillenburg, und den Wittgensteinischen und Hessen-Darmstädtischen Territorien;

und von dem Herzogthum Nassau, nämlich, durch die Gränze, welche das Fürstenthum Dillenburg, die Herrschaft Beilstein, das Fürstenthum Hadamar und die Herrschaft Runkel, von den Solms-Braunfelsischen und Nassau-Weilburgischen Ländern trennt, und welche demnächst, unweit des Dorfes Falkenbach, in der Herrschaft Runkel, auf den Lahnfluß trifft;

gegen Mittag, von dem Herzogthum Nassau, nämlich durch den Lahnfluß, welcher von dem Dorfe Falkenbach bis zu dem auf dem rechten Lahn-Ufer gelegenen Herzoglich-Nassauischen Dorfe Aarfurt die Gränze bildet; — hier umgibt sie das genannte Dorf gegen Mitternacht, vereinigt sich dann wieder mit der Lahn, und folgt demnächst diesem Flusse bis zu dem Dorfe Dehrn, in dem Fürstenthum Hadamar; — die Gränze umschließt hier den auf dem linken Lahn-Ufer gelegenen Dehrner Wald, verläßt demnächst den Lahnfluß, und lehnt sich endlich, indem sie sich westwärts kehret, mittäglich des Dorfes Offheim, in dem Fürstenthum Hadamar, an den Elsbach;

gegen Abend, von dem Herzogthum Nassau, nämlich durch die Gränze welche das Fürstenthum Hadamar, und die Herrschaften Westerburg und Beilstein von den Nassau-Weilburgischen und Sayn-Altenkirchischen Territorien trennt, und welche, von dem Dorfe Offheim, gegen Mitternacht, bis auf die Gränze des Amtes Burbach sich erstreckt; die Gränze umgehet demnächst dieses Amt gegen Morgen, und vereinigt sich darauf mit der gemeinschaftlichen Gränze des Fürstenthums Siegen und des Sayn-Altenkirchischen Landes, welche sie, bis zur Gränze der Herrschaft Wildenburg, verfolgt; — von hier bildet sich die Gränze durch die gemeinschaftliche Gränze der genannten Herrschaft und des Sayn-Altenkirchischen, welche, in ihrer Richtung gegen Mittag, den Siegfluß erreicht; — diesem Flusse folgt sie demnächst bis nahe bey dem Dorfe Bissen, auf der Gränze des Herzogthums Nassau, wo sie denselben verläßt, um, unweit des Dorfes Steimelhagen, mit der mittäglichen Gränze des alten Herzogthums Berg sich zu vereinigen; — sie folgt dann dieser letzteren bis südlich des Dorfes Eytorf, wo sie auf die östliche Gränze des Rhein-Departements trifft;

und von dem Departement des Rheins, nämlich durch die östliche Gränze desselben, von südlich des Dorfes Eytorf, gegen Mitternacht, bis zur Gränze der Grafschaft Mark.

Das Sieg-Departement ist in zwey Bezirke oder Arrondissements getheilt.

Bezirk oder Arrondissement Siegen.

Dieser Bezirk wird auf folgende Weise begränzet:

gegen Mitternacht, von der Grafschaft Mark und dem Großherzogthum Hessen, nämlich durch die nördliche Gränze des Sieg-Departements, so wie dieselbe oben beschrieben ist;

gegen Morgen, von dem Großherzogthum Hessen, nämlich durch die gemeinschaftliche Gränze des Fürstenthums Siegen und des Sayn-Wittgensteinischen Territoriums;

gegen Mittag, durch eine Linie, welche die Aemter Netphen und Siegen umschließt; und von dem Herzogthum Nassau, nämlich durch die westliche Gränze des Sieg-Departements, von dem Punkte, wo die mittägliche Gränze des Amtes Siegen dieselbe trifft, bis zu ihrer Vereinigung mit der östlichen Gränze des Rhein-Departements;

und gegen Abend, von dem Departement des Rheins.

Die Bevölkerung dieses Bezirkes ist 75,026 Seelen.

Er ist in sieben Kantone eingetheilt.

1. Der Kanton Siegen,

welcher folgende Gemeinden enthält:

Siegen, Stadt, Haupt-Ort und dessen Zubehörungen;

Freudenberg, Flecken;

Die übrigen Gemeinden des Amtes Siegen nämlich:

Weidenau,	Dorf;	Eiserfeld,	Dorf,
Burbach,	—	Niederschelden,	—
Volsberg,	—	Gossenbach,	—
Kaan und	—	Achenbach,	—
Marienborn		Selbach,	—
Fickenhütten,	—	Trupbach,	—
Oberdilfen,	—	Birlenbach,	—
Niederdilfen,	—	Willensdorf,	—
Wilgersdorf,	—	Klafeld und	—
Rinsdorf,	—	Geisweid,	
Obersdorf,	—	Buschgotthardshütten,	—
Eisern,	—	Roedchen,	—

die Gemeinden des Amtes Freudenberg, nämlich:

Boeschen,	Dorf;	Bühl,	Dorf;
Plittershagen,	—	Lindenberg,	—
Stoecken,	—	Oberheuslingen,	—
Mausbach,	—	Bottenberg,	—
Oberholzklau,	—	Niederheuslingen,	—
Obernhees,	—	Oberfischbach,	—
Mittelhees,	—	Heisberg,	—
Meiswinkel,	—	Oberschelden,	—
Langenholdinghausen,	—	Dirlenbach,	—
Niederholzklau,	—	Niederndorf,	—
Alchen,	—		

Die Bevölkerung dieses Kantons ist 11,194 Seelen.

2. Der Kanton Netphen,

welcher folgende Gemeinden enthält:

Ober-Netphen, Dorf, Haupt-Ort; — Hilchenbach, Flecken;

die Gemeinden des Amtes Hilchenbach und Krombach, nämlich:

Hadem,	Dorf;	Krombach,	Dorf;
Helberhausen,	—	Litfeld,	—
Oberndorf,	—	Stendenbach,	—
Vorm Wald,		Eichen,	—
mit den Höfen		Bockenbach,	—
Schreiberg, Sterzenbach und		Ferndorf,	—
Wetzenseifen;		Ernsdorf,	—
Lützel,	—	Kredenbach,	—
Grund,	—	Buschhütten und	
Dehelhausen,	—	Bottenbach,	—
Rückersfeld,	—	Fellinghausen,	—
Haarhausen und		Dornseifen und	
Strecken,	—	Weiden,	—
Allenbach,	—	Ostbelden,	—
Müsen,	—	Hees,	—
Schweisfurt,	—	Dreisbach,	—
mit den Höfen			
Dahlbruch und Winterbach;			

und die Gemeinden des Amtes Netphen, nämlich:

Nieder-Netphen,	Dorf;	Beyenbach,	Dorf;
Tiefenbach,	—	Deutz,	—
Niedersetzen,	—	Irmgarteichen,	—
Obersetzen,	—	Renkersdorf,	—
Unglinghausen,	—	Walpersdorf,	—
Hillnhütten,	—	Salchendorf,	—
Herzhausen,	—	Helgersdorf,	—
Kronhausen,	—	Wertenbach,	—
Eckmannshausen,	—	Griffenbach,	—
Oelgershausen,	—	Gernsdorf,	—
Eschenbach,	—	Rüdersdorf,	—
Afholderbach,	—	Lutzhausen,	—
Sohlbach,	—	Flammersbach,	—
Obernau,	—	Feuersbach,	—
Brauersdorf,	—	Dreidenbach,	—
Nauholz,	—		

Die Bevölkerung dieses Kantons ist 11,783 Seelen.

3. Der Kanton Wildenburg,

welcher folgende Gemeinden enthält:

Die Herrschaft Wildenburg, nämlich:

Wildenburg, Schloß, Haupt-Ort, mit seinem Gebiete;

die Kirchspiele Friesenhagen und Wissen.

Die Bevölkerung dieses Kantons ist 2,684 Seelen.

4. Der Kanton Waldbröl,

welcher folgende Gemeinden des Amtes Windeck enthält:

Waldbröl, Dorf, Haupt-Ort;		Lichtenberg,	Honnschaft;
Geilekausen,	Honnschaft;	Wendershagen,	—
Bladersbach,	—	Oberwarensbach,	—
Roßenbach,	—	Alzen,	—
Pohlenhagen,	—	Niedersdorf,	—
Happach,	—	Hölpe,	—
Bröl,	—	Steimelhagen,	—
Dickhausen,	—	Dattenfeld,	—
Hermesdorf,	—	Ueberseßigen,	—
Bruchhausen,	—	Thal-Windeck,	—
Eckenhagen,	—	Rosbach,	—
Hesperte,	—	Obernau,	—
Wilberg und		Geilhausen,	—
Erdingen,	—	Halscheid,	—
Denklingen,	—	Kolberg,	—
Heischeid,	—	Herfen,	—
Siensport,	—	Roßenbach,	—
Aggern,	—	Dreslingen,	—
Morsbach,	—		

Die Bevölkerung dieses Kantons ist 14,358 Seelen.

5. Der Kanton Eytorf,

welcher folgende Gemeinden des Amtes Blankenberg enthält:

Eytorf, Dorf, Haupt-Ort;		Röcklingen	Honnschaft;
Linkenbach,	Honnschaft;	Stromberg,	—
Merten,	—	Höhe,	—
Hald,	—	Ruppichterath,	—
Herchen,	—	Millerscheid,	—

4)

Velkingen	Honnschaft;	Broel,	Honnschaft;
Kuchem,		Deienbach,	
Wintersceid,			

und folgende Gemeinden des Amtes Windeck:

Much,	Honnschaft;	Löbach,	Honnschaft;
Markelsbach,		Benrad,	
Gerlinghausen,		Leuscheid,	
Miebach,	—	Mittelisse,	
Bonrath,	—	Saalen,	
Werschen,			

Die Bevölkerung dieses Kantons ist 12,147 Seelen.

6. Der Kanton Homburg,

welcher die Gemeinden der Herrschaft Homburg enthält, nämlich:

Nümbrecht, Dorf, Haupt-Ort;		Benrode,	Honnschaft;
Bierenbach,	Honnschaft;	Wiehl,	
Brühl,	—	Angfurt,	
Marienberghausen,	—	Bomig,	
Wirtenbach,	—	Marienhagen,	
Staffelbach,	—	Fischbach,	
Niederbreidenbach,	—	Drabenderhöhe,	
Elben,	—	Weyershagen,	

Die Bevölkerung dieses Kantons ist 9,163 Seelen.

7. Der Kanton Gummersbach,

welcher die Gemeinden der Herrschaft Gimborn-Neustadt enthält, nämlich:

Gummersbach, Dorf, Haupt-Ort;		Niedermüllenbach,	Honnschaft;
Neustadt,	Stadt;	Obermüllenbach,	
Rospe,	Honnschaft;	Lieberhausen,	
Strombach,		Wiedenest,	
Berenberg,	—	Ründeroth,	
Kalsbach,	—	Niedergelpe,	
Obergelpe,	—	Gimborn,	

Die Bevölkerung dieses Kantons ist 13,697 Seelen.

Bezirk oder Arrondissement Dillenburg.

Dieser Bezirk wird auf folgende Weise begränzet:

gegen Mitternacht, von dem Bezirke Siegen, nämlich durch die Linie welche die Aemter Siegen und Netphen umgibt;

gegen Morgen, von dem Großherzogthum Hessen und dem Herzogthum Nassau, nämlich durch die östliche Gränze des Sieg-Departements, von dem Punkte wo die eben beschriebene mitternächtliche Gränze dieselbe trifft, gegen Mittag, bis auf die Lahn;

gegen Mittag, von dem Herzogthum Nassau, nämlich durch die mittägliche Gränze des Sieg-Departements;

gegen Abend, von ebendemselben Herzogthum, nämlich durch die westliche Gränze des Sieg-Departements, von dem Dorfe Offheim, bis zur Gränze des Bezirkes Siegen.

Die Bevölkerung dieses Bezirkes ist 58,044 Seelen.

Er ist in sechs Kantone getheilt.

1. Der Kanton Dillenburg,

welcher folgende Gemeinden enthält:

Dillenburg, Stadt, Haupt-Ort; — Haiger, Stadt;

Die Gemeinden des Amtes Dillenburg, nämlich:

Donsbach,	Dorf;	Nanzenbach,	Dorf;
Niederscheld	—	Wissenbach,	—
Oberscheld,	—	Frohnhausen	—
Eibach,			

Die Gemeinden des Amtes Haiger, nämlich:

Allendorf	Dorf;	Dillbrecht,	Dorf;
Flammersbach,	—	Niederroßbach,	—
Langenaubach,	—	Rodenbach,	—
Sechshelden,	—	Steinbach,	—
Manderbach,	—	Haigerseelbach;	—
Fellerdillen,			

und die Gemeinden des Amtes Ebersbach, nämlich:

Straß-Ebersbach,	Dorf;	Rüdershausen,	Dorf;
Berg-Ebersbach,	—	Weidelbach,	—
Steinbrücken,	—	Oberroßbach,	—
Neuhütte,	—	Eibelshausen,	—
Mandeln,		Offdillen,	—

Die Bevölkerung dieses Kantons ist 11,524 Seelen.

2. Der Kanton Herborn,

welcher folgende Gemeinden enthält:

Herborn, Stadt, Haupt-Ort;

Die Gemeinden des Amtes Herborn, nämlich:

Sinn, Dorf, mit dem Hofe gleiches Namens;

Fleisbach,	Dorf;	Medenbach,	Dorf;
Merkenbach	—	Uckersdorf,	—
Hörbach	—	Amdorf,	—
Hirschberg,	—	Burg,	—
Gontersdorf,	—	Herbornseelbach,	—
Roth,	—	Bicken,	—
Schönbach,	—	Offenbach,	—
Breitscheid,	—	Ballersbach,	—
Erdbach,			

und die Gemeinden des Amtes Tringenstein, nämlich:

Tringenstein,	Dorf;	Oberndorf,	Dorf;
Evershausen,	—	Eisemrod,	—
Wallenfels,	—	Ibernthal,	—
Hirzenhain,			

Die Bevölkerung dieses Kantons ist 8,039 Seelen.

3. Der Kanton Driedorf,

welcher folgende Gemeinden enthält:

Driedorf, Stadt, Haupt-Ort; — Mengerskirchen, Flecken;

und die Gemeinden des Amtes Driedorf, nämlich:

Heiligenborn,	Dorf;	Waldendorf,	Dorf;
Heisterberg,	—	Münchhausen,	—
Seilhofen,	—	Mademühlen,	—
Rotenberg,	—	Hohenroth,	—
Haiern,	—	Waldaubach,	—
Beilstein,	—	Gusternhain,	—
Rodenrod,	—	Rabenscheid,	

die Gemeinden des Amtes Mengerskirchen, nämlich:

Renderoth,	Dorf;	Elsof,	Dorf;
Arborn,	—	Oberroth,	—
Odersberg,	—	Mittelhofen,	—
Niedershausen,	—	Westernohe,	—
Obershausen,		Neunkirchen,	—

Hublingen,	Dorf;	Probbach,	Dorf;
Rückershausen,	—	Winfels,	—
Dillhausen,			

Die Bevölkerung dieses Kantons ist 7,621 Seelen.

4. Der Kanton Rennerod,

welcher folgende Gemeinden enthält:

Rennerod, Dorf, Haupt-Ort;

die Gemeinden der Amtes Rennerod, nämlich:

Waldmühlen,	Dorf;	Nister,	Dorf;
Hellenhahn,	—	Salzburg,	—
Schellenberg,	—	Oberrosbach,	—
Neustadt,	—	Niederrosbach,	—
Pottum,	—	Neukirch,	—
Seck,	—	Stein,	—
Irmtraud,	—	Bretthausen,	—
Emmerichenhain,	—	Willingen,	—
Rehe,	—	Löhnfeld,	—
Homberg,	—	Liebenscheid,	—
Waigandshain,	—	Weissenberg,	—
Möhrendorf,		Zehnhausen,	

und die Gemeinden des Amtes Marienberg, nämlich:

Marienberg,	Dorf,	Ailertchen,	Dorf;
Unnau und Korb,	—	Rackenberg,	—
Illfurt,	—	Dellingen,	—
Bilsberg,	—	Dreisbach,	—
Haardt,	—	Hülsenhausen,	—
Eichenstruth,	—	Schönberg,	—
Großseifen,	—	Urdorf,	—
Stockhausen,	—	Püschen,	—
Fehl und Ritzhausen,	—	Rotzenhahn,	—
Erbach,	—	Bellingen,	—
Langenbach,	—	Stockum,	—
Zinnhan,	—	Lochum,	—
Hof,	—	Todenberg,	—
Bach und Pfuhl,	—	Enspel,	—
Stangenroth,	—	Lagenhahn,	—
Hoen,		Büdingen,	—
Hahn,	—	Hintermühl,	
Hinterkirchen,			

Die Bevölkerung dieses Kantons ist 10,959 Seelen.

5. Der Kanton Hadamar,

welcher folgende Gemeinden enthält:

Hadamar, Stadt, Haupt-Ort;

Die Gemeinden des Amtes Hadamar, nämlich:

Offheim,	Dorf;	Faulbach,	Dorf;
Hangenmailingen,	—	Steinbach,	—
Heuchelheim,	—	Niederzeuzheim,	—
Niedertiefenbach,	—	Oberzeuzheim,	—
Dehrn	—	Thalheim,	—
Niederhadamar,	—	Malmeneich,	—
Oberweyer,	—	Ahlbach,	—
Niederweyer,			

und die Gemeinden des Amtes Ellar, nämlich:

Ellar,	Dorf;	Dorchheim,	Dorf;
Waldmannshausen,	—	Waldernbach,	—
Lahr,	—	Frickhofen,	—
Fussingen,	—	Wilsenroth,	—
Hausen,	—	Mühlbach,	—
Langendernbach,	—	Dorndorf,	—
Hintermailingen,			

Die Bevölkerung dieses Kantons ist 11,311 Seelen.

6. Der Kanton Westerburg,

welcher sämmtliche Gemeinden der Herrschaft Westerburg enthält, nämlich:

Westerburg,	Stadt, Haupt-Ort;	Herzenroth,	Dorf;
Gemünden,	Dorf;	Gershasen,	—
Berzhahn,	—	Stahlhofen,	—
Winnen,	—	Gerkenroth,	—
Wilmenroth,	—	Weltersburg,	—
Halbs,			

Die Bevölkerung dieses Kantons ist 4,723 Seelen.

7. Der Kanton Runkel,

welcher die Gemeinden der Herrschaften Schadeck und Runkel enthält, nämlich:

Schadeck,	Dorf, Haupt-Ort;	Steeden,	Dorf;
Seelbach,	Dorf;	Hofen	—
Oberdiefenbach,	—	Gaudernbach,	—
Wirbelau,	—	Eschenau	—
Heckholzhausen,	—	Falkenbach,	—
Aumenau,	—	Schuppach,	—

Die Bevölkerung dieses Kantons ist 3,867 Seelen.

Departement der Ruhr.

Dieses Departement bestehet aus den Grafschaften Mark, Dortmund und Limburg;
aus dem mittäglichen Theile des Fürstenthums Münster;
aus der Herrschaft Rheda;
und aus der Stadt Lippstadt.

Seine Bevölkerung ist 212,602 Seelen.

Das Departement ist auf folgende Weise begränzet:

gegen Mitternacht von dem Herzogthum Arenberg, nämlich durch die Linie, welche die Grafschaft Recklinghausen und das Amt Dülmen von den Grafschaften Mark und Dortmund und von dem Fürstenthum Münster trennt; — diese Gränze nimmt ihren Anfang bey dem Eintritte des Emster-Baches in das Land Essen, und gehet demnächst längst dieses Baches herauf, bis zu dem Hause Grimberg, von wo an sie das Dorf Krange gegen Mitternacht umschließt, ehe sie wieder an den Emster-Bach sich anlehnt; sie folgt hierauf diesem Bache wieder aufwärts, und vereinigt sich dann, nördlich des Dorfes Mengede, mit der mitternächtlichen Gränze der Grafschaft Dortmund, welche sie, bis wieder zur Gränze der Grafschaft Mark verfolgt; mit dieser letztern gehet sie demnächst bis zu dem Austritte des Lippe-Flusses aus der genannten Grafschaft, und folgt dann diesem Flusse abwärts, bis zu dem Hause Nordhagen, in dem Fürstenthum Münster, wo sie auf die westliche Gränze dieses Fürstenthums trifft; sie folgt endlich dieser letztern, gegen Mitternacht, bis zu dem Hause Sisking, in dem mehrgenanten Fürstenthum;

und durch eine Linie, welche die Kirchspiele Senden, Venne, Drensteinfurt, Sendenhorst, Enniger, Ennigerlohe und Ostenfelde, in dem Fürstenthum Münster, gegen Mitternacht umgibt, und welche hierauf mit der gemeinschaftlichen Gränze dieses Fürstenthums und der Herrschaft Rheda sich vereinigt; die Gränze folgt hierauf der letztern, gegen Mitternacht, bis unweit des Stiftes Marienfelde, in dem Fürstenthum Münster, wo die östliche Gränze dieses Fürstenthums von der Rhedaischen Gränze sich trennt; und endlich von dem Königreiche Westphalen, nämlich durch die Linie, welche die Herrschaft Rheda von dem so eben bezeichneten Punkte, bis zu ihrer östlichen Gränze, von dem Ravensbergischen Gebiete scheidet;

gegen Morgen, von dem Königreiche Westphalen, nämlich durch die gemeinschaftliche Gränze der Herrschaft Rheda und des Osnabrückischen Amtes Reckenberg, diese Gränze fängt an auf der nördlichen Gränze der Herrschaft Rheda, und geht südwärts, bis unweit des Hauses Nortbeck, in dem Fürstenthum Münster, wo sie die östliche Gränze dieses Fürstenthums findet; durch die Gränze, welche das Fürstenthum Münster von dem Amte Reckenberg trennt, und welche, von dem Hause Nortbeck, gegen Mittag, bis auf das Lippe-Detmoldische Gebiet sich erstreckt;

und durch die gemeinschaftliche Gränze des Fürstenthums Münster und des Lippe-Detmoldischen Gebietes, welche demnächst unweit des Münsterischen Stiftes Kappeln bey der Mündung des Leier-Baches den Lippe-Fluß erreicht;

und endlich von dem Großherzogthum Hessen, nämlich durch die Linie, welche das ehemalige Herzogthum Westphalen von dem Fürstenthum Münster, und von den Grafschaften Mark und Limburg trennt; diese Gränze gehet von der Mündung des Leier-Baches mit der Lippe abwärts, bis zur östlichen Gränze der Grafschaft Mark; sie folgt dann dieser letztern; und umschließt somit die sogenannte Soester-Börde in der Grafschaft Mark, wendet sich hierauf gegen Mittag bis auf den Ruhr-Fluß, welchen sie bey dem Stifte Scheda in besagter Grafschaft antrifft, und folgt dann diesem Flusse abwärts, bis zu dem Hause Gerkendahl, auf der östlichen Gränze der Grafschaft Limburg; sie lenkt sich demnächst mit dieser östlichen Gränze wieder gegen Mittag, bis dieselbe bey dem Dorfe Kalthoven mit der Gränze der Grafschaft Mark sich wieder vereinigt, welche letztere sie denn endlich bis auf die mitternächtliche Gränze der Grafschaft Gimborn-Neustadt verfolgt;

gegen Mittag, von dem Departement der Sieg, nämlich durch gemeinschaftliche Gränze der Grafschaft Mark und der Grafschaft Gimborn-Neustadt;

und gegen Abend, von dem Departement des Rheins, nämlich durch die oben beschriebene östliche Gränze dieses Departements, sofern dasselbe von der Grafschaft Mark begränzet wird.

Das Ruhr-Departement ist in drey Bezirke oder Arrondissements getheilt.

Bezirk oder Arrondissement Dortmund.

Dieser Bezirk wird auf folgende Weise begränzet:

gegen Mitternacht, durch die nördliche Gränze des Ruhr-Departements, so wie dieselbe oben beschrieben ist, von ihrem Anfange bis östlich des Dorfes Benne, in dem Fürstenthum Münster;

gegen Morgen, durch eine Linie, welche die Kirchspiele Venne, Otmarsbocholt, Aschenberg, Herberen, Südkirchen, und Werne, in dem Fürstenthum Münster gegen Morgen umschließt, und welche demnächst unweit der Stadt Werne den Lippe-Fluß erreicht; sie gehet hierauf mit diesem Flusse abwärts, bis zur westlichen Spitze des Amtes Hamm, in der Grafschaft Mark, und umschließt sodann, in ihrer Richtung gegen Morgen, das Amt Kamen, das Gericht Heeren und das Amt Unna, bis sie unweit des Dorfes Hilbeck auf die östliche Gränze des Ruhr-Departements trifft;

und von dem Großherzogthum Hessen, nämlich durch die gemeinschaftliche Gränze des Amtes Unna und des ehemaligen Herzogthums Westphalen, von dem Dorfe Hilbeck bis auf den Ruhr-Fluß.

gegen Mittag, von dem Großherzogthum Hessen, nämlich durch den Ruhr-Fluß, welcher von dem Stifte Scheda bis zu dem Hause Gerkendahl, das Amt Unna von dem ehemaligen Herzogthum Westphalen trennt; und durch eine Linie welche, von dem Hause Gerkendahl, dem Ruhr-Flusse abwärts folgt, bis derselbe auf das Amt Schwerte trifft, und welche hierauf, in ihrer Richtung gegen Abend, die Aemter Schwerte und Hörde, das Gericht Witten und das Amt Bochum umschließt, bis sie bey der Stadt Steele in dem Essendischen auf die östliche Gränze des Rhein-Departements trifft.

und gegen Abend, von dem Departement des Rheins, nämlich, durch die gemeinschaftliche Gränze der Grafschaft Mark und des Landes Essen, von der Stadt Steele bis zu dem Eintritte des Emster-Baches in gedachtes Land.

Die Bevölkerung dieses Bezirkes ist 72,864 Seelen.

Er ist in sechs Kantone getheilt.

1. Der Kanton Dortmund,

welcher folgende Gemeinden enthält:

Dortmund, Stadt, Haupt-Ort und dessen Gebiet;
Lünen und Kastrop, Städte;
Die Gemeinden der Grafschaft Dortmund, nämlich:

Wambel,	Bauerschaft;	Alt-Mengede und	
Körne,	—	Schwieringhausen	Bauerschaft;
Deussen und		Groppenbruch,	—
Ellinghausen,	—	Brambour,	—
Lindenhorst,	—	Brechten und	
Holthausen,	—	Kemminghausen,	
Erinke,	—		

Die Gemeinden des Amtes Lünen, nämlich:

Derne,	Bauerschaft;	Horstmar,	Bauerschaft;
Altenderne,	—	Brecklinghausen,	
Kump,	—		

5)

Die Gemeinden Huckarde und Dorstfelde mit ihren Zubehörungen;

Die Gemeinden des Gerichts Kastrop, nämlich:

Frohlinde,	Bauerschaft;	Holthausen,	Bauerschaft:
Merklinde,	—	Sodingen,	—
Bövinghausen,	—	Börnick,	—
Ober-Kastrop,	—	Rauxel,	—
Berninghausen,	—		

und die Gemeinden der Gerichte Bodelschwing, Mengede und Buddenberg, nämlich:

Mengede,	Flecken;	Brüninghausen,	Bauerschaft:
Nette,	Bauerschaft;	Dingern,	—
Oestrich,	—	Deininghausen,	—
Westerfeld,	—	Büren,	—
Bodelschwing,	—	Lipholthausen,	—
Ickern;			

Die Bevölkerung dieses Kantons ist 12,997 Seelen.

2. Der Kanton Bochum,

welcher folgende Gemeinden enthält:

Bochum, Stadt, Haupt-Ort; — Wattenscheid, Stadt;

die Gemeinden des Amtes Bochum, nämlich:

Lütgen-Dortmund,	Bauerschaft;	Riemke,	Bauerschaft;
Westrich,	—	Berge,	—
Kirchlinde,	—	Hordel,	—
Rahm,	—	Krange,	—
Bövinghausen,	—	Bergbauerschaft,	—
Kley,	—	Eppendorf,	—
Marten,	—	Höntrop,	—
Harpen,	—	Sevinghausen,	—
Despel,	—	Westerfeld,	—
Gerte,	—	Holthausen,	—
Delwig,	—	Eyberg,	—
Ummingen,	—	Uckendorf,	—
Querenburg,	—	Guenigfeld,	—
Laer,	—	Friesenbruch,	—
Alten-Bochum,	—	Leythe,	—
Haffenscheid,	—	Königssteele,	—
Wiemelhausen,	—	Hesseler,	—
Weitmar,	—	Schalke,	—
Börendorf,	—	Braubauerschaft,	—
Grumme,	—	Bulmke,	—
Hamme,	—	Hullen,	—
Hofstede,	—	Gelsenkirchen,	—

und die Gemeinden der Gerichte Eickel und Strünkede, nämlich:

Eickel,	Bauerschaft;	Baukau,	Bauerschaft;
Holsterhausen,	—	Hiltrop,	
Rohlinghausen,	—	Horsthausen,	
Bickern,	—	Pöpinghausen,	—
Herne,	—		

Die Bevölkerung dieses Kantons ist 11,963 Seelen.

3. Der Kanton Hoerde,

welcher folgende Gemeinden enthält:

Hoerde, Stadt, Haupt=Ort; — Schwerte und Westhofen, Städte;

die Gemeinden des Amtes Hoerde, nämlich:

Wittinghofen,	Bauerschaft;	Menglinghausen,	Bauerschaft;
Wiglinghofen,	—	Brumbeck,	
Lütke=Lemberg,	—	Rüdinghausen,	
Hacheney,	—	Annen,	
Benninghofen,	—	Wüllen,	—
Brünninghaus	—	Eiflinghofen,	
Kirchhörde	—	Solingen,	—
Lütke=Holthausen,	—	Große Barop,	—
Löttringhausen	—	Lütke=Barop,	
Großen=Holthausen,	—	Brakel,	
Kruckel,	—	Schüren,	
Persbeck,	—		

Die Gemeinden des Amtes Schwerte, nämlich:

Lichtendorf,	Bauerschaft;	Gahrenfeld,	Bauerschaft;
Overberge,	—	Holzen,	
Geisefe,	—	Wamelhofen,	—
Reinen,	—	Syberg,	
Villigst,	—		

und die Gemeinden der Gerichte Witten und Langendreer, nämlich:

Witten,	Bauerschaft;	Werne,	Bauerschaft;
Langendreer,	—	Stockum,	—
Somborn,	—	Düren,	

Die Bevölkerung dieses Kantons ist 9,717 Seelen.

4. Der Kanton Unna,

welcher folgende Gemeinden enthält:

Unna, Stadt, Haupt=Ort; — Kamen, Stadt;

Die Gemeinden des Amtes Unna, nämlich:

Hemmerde,	Bauerschaft;		Westick,	Bauerschaft;
Singsen,	—		Uelzen,	—
Westhemmerde,	—		Aplerbek,	—
Lünen,	—		Sölde,	—
Mühlhausen,	—		Berghofen,	—
Stockum,	—		Meteler,	—
Deltvich,	—		Westick,	—
Bilmerich,	—		Waffer = Kurl,	—
Strick = Herdike,	—		Nieder = Aden,	—
Altendorf,	—		Asseln,	—
Aden,	—		Wickede,	—
Langschede,	—		Opherdike,	—
Frömern,	—		Holtwickede,	—
Ostbüren,	—		Hengsen,	—
Kersebühren,	—		Lanstrop,	—
Bausenhagen,	—		Greven,	—
Stentrop,	—		Huffen,	—
Fronhausen,	—		Gahmen,	—
Nehem,	—		Nieder = Maffen,	—
Bentrop,	—		Ober = Maffen,	—
Warmen,	—		Afferde,	—
Fröndenberg,				

Die Gemeinden des Amtes Kamen, nämlich:

Ober = Aden,	Bauerschaft;		Süd = Kamen,	Bauerschaft;
Wedinghofen,				

Die Gemeinden des Gerichtes Heeren, nämlich:

Heeren und Verve, Bauerschaften.

Die Bevölkerung dieses Kantons ist 16,203 Seelen.

5. Der Kanton Werne,

welcher folgende Gemeinden enthält:

Werne, Stadt, Haupt=Ort;

das Kirchspiel Werne;		das Kirchspiel Selm;	
—	Herberen;	—	Borke;
—	Nordkirchen;	—	Alt = Lünen;
—	Südkirchen;	—	Kapelle;

Die Bevölkerung dieses Kantons ist 10,279 Seelen.

6. Der Kanton Lüdinghausen,

welcher folgende Gemeinden enthält:

Lüdinghausen, Stadt, Haupt=Ort; — Olphen, Stadt;

das Kirchspiel Lüdinghausen;	das Kirchspiel Venne;
, — Olphen;	, — Otmarsbocholt;
, — Hiddingsel;	, — Aschenberg;
, — Senden;	, — Seppenrade;

Die Bevölkerung dieses Kantons ist 11,705 Seelen.

Bezirk oder Arrondissement Hagen.

Dieser Bezirk wird auf folgende Weise begränzet:

gegen Mitternacht, von dem Bezirke Dortmund, nämlich durch die mittägliche Gränze dieses Bezirkes, von der Stadt Steele, gegen Morgen, bis zu dem Hause Gerkendahl;

gegen Morgen, von dem Großherzogthum Hessen, nämlich durch die oben beschriebene östliche Gränze des Ruhr-Departements, von dem Hause Gerkendahl, gegen Mittag, bis zu der Gränze der Grafschaft Gimborn-Neustadt;

gegen Mittag, von dem Departement der Sieg, nämlich durch die mittägliche Gränze des Ruhr-Departements, so wie dieselbe oben beschrieben ist;

und gegen Abend, von dem Rhein-Departement, nämlich durch die oben beschriebene westliche Gränze des Ruhr-Departements, von der Gimborn-Neustädtischen Gränze, gegen Mitternacht, bis zu der Stadt Steele.

Die Bevölkerung dieses Bezirkes ist 70,595 Seelen.

Er ist in sieben Kantone getheilt.

1. Der Kanton Hagen,

welcher folgende Gemeinden enthält:

Hagen, Stadt, Haupt-Ort;	Herdicke,	Stadt;
Breckerfelde, Stadt;	Wetter, —

Die übrigen Gemeinden des Gerichtes Hagen, nämlich:

Böle,	Bauerschaft;	Holthausen,	Bauerschaft;
Dahle,	—	Delstern,	—
Waldbauer,	—	Eilpe,	—
Börde,	—	Fley,	—
Wester,	—	Eckesey,	—
Haspe,	—	Wehringhausen,	—
Halde,	—	Herbecke,	—
Eppenhausen,	—	Vorhalle,	—

das Kirchspiel Ende mit Zubehörungen,
und die Gemeinden des Kirchspiels Breckerfelde, nämlich:

Bühren,	Bauerschaft;	Brenscheid,	Bauerschaft;
Berghausen,	—	Niggelohe,	
Ebbinghausen,			

Die Bevölkerung dieses Kantons ist 12,154 Seelen.

2. Der Kanton Schwelm,

welcher folgende Gemeinden enthält:

Schwelm, Stadt, Haupt-Ort; — Volmarstein, Flecken;
die Gemeinden des Hochgerichts Schwelm, nämlich:

Langerfeld,	Bauerschaft;	Mühlinghausen,	Bauerschaft;
Negsterbreck,	—	Schwefelinghausen,	—
Genebreck,	—	Oelfinghausen,	—
Haßlinghausen,	—	Hiddinghausen,	—
Linterhausen,	—	Vörde,	—

und die Gemeinden des Gerichtes Volmarstein, nämlich:

Wengern,	Bauerschaft;	Esbern,	Bauerschaft;
Bommern,	—	Berge,	—
Grundschöttel,	—	Asbeck,	—
Silschede,	—		

Die Bevölkerung dieses Kantons ist 12,612 Seelen.

3. Der Kanton Hattingen,

welcher folgende Gemeinden enthält:

Hattingen, Stadt, Haupt-Ort; — Blankenstein, Stadt;
Die Gemeinden des Amtes Blankenstein, nämlich:

Ober-Sprockhövel,	Bauerschaft;	Ober-Bonsfeld,	Bauerschaft;
Nieder-Sprockhövel,	—	Nieder-Bonsfeld,	—
Hiddinghausen,	—	Wenigern,	—
Ober-Brenscheid,	—	Dumberg,	—
Nieder-Brenscheid,	—	Altendorf,	—
Ober-Stüter,	—	Linden,	—
Nieder-Stüter,	—	Dahlhausen,	—
Ober-Elfringhausen,	—	Winz,	—
Nieder-Elfringhausen,	—		

Das Gericht Horst, welches die Bauerschaft Beuse enthält;
Die Gemeinden des Gerichtes Bruch, nämlich:

Welp,	Bauerschaft;	Nieder-Holthausen,	Bauerschaft;
Ober-Holthausen,		Baak,	

Die Gemeinden des Gerichtes Stiepel, nämlich:

Ober-Stiepel,	Bauerschaft;	Haar,	Bauerschaft;
Mittel-Stiepel,	—	Strick	—
Brockhausen,		Buchholz,	

und die Gemeinden des Gerichtes Herbede, nämlich:

Herbede,	Dorf;	Vorm Holze,	Bauerschaft;
Oester,	Bauerschaft;	Durchholz,	
Wester,	—	Heirichsche-	—

Die Bevölkerung dieses Kantons ist 8,779 Seelen.

4. Der Kanton Limburg,

welcher folgende Gemeinden enthält:

Limburg,	Stadt, Haupt-Ort;	Recklingsen,	Bauerschaft,
Elsey,	Bauerschaft;	Leckingsen,	—
Rehn,	—	Reinen,	—
Lethmate,	—	Ergste	—
Genna,	—	Kirchhofer,	—
Schelk,	—	Strathorn,	—
Oestrich,	—	Niederste,	—
Dröscheid,	—	Bergeschicht,	—
Stengelingsen,	—	Berchum,	—
Hennen,	—	Siefendorf,	—
Drüplingsen,	—		

Die Bevölkerung dieses Kantons ist 4,180 Seelen.

5. Der Kanton Iserlohn,

welcher folgende Gemeinden enthält:

Iserlohn, Stadt, Haupt-Ort;

Die Gemeinden des Amtes Iserlohn, nämlich:

Kalle,	Bauerschaft;	Deilinghofen,	Bauerschaft;
Löffel,	—	Apricke,	—
Kesbern,	—	Niemke,	—
Ihmert,	—	Brockhausen,	—
Ehringsen,	—		

und die Gemeinden des Gerichtes Hemern, nämlich:

Ober-Hemern,	Bauerschaft;	Frönsbeck,	Bauerschaft;
Nieder-Hemern,	—	Westich,	—
Landhausen,	—	Becke,	—
Sundwig,	—		

Die Bevölkerung dieses Kantons ist 7,906 Seelen.

6. Der Kanton Neuenrade,

welcher folgende Gemeinden enthält:

Neuenrade, Stadt, Haupt-Ort; — Plettenberg und Altena, Städte;
Die Gemeinden des Amtes Neuenrade, nämlich:

Ohle,	Bauerschaft;	Berg,	Bauerschaft;
Werdohle,	—	Lengelser,	—
Wintersohle,	—		

Die Gemeinden des Amtes Plettenberg, nämlich:

Bredinghausen,	Bauerschaft;	Holthausen,	Bauerschaft;
Ehringhaus,	—	Leinschede,	—
Posel,	—	Sonneborn,	—
Landemert,	—	Dankelmert,	—
Berg,	—	Kuckelsheim,	—
Himmelwert,	—	Dingringhausen,	—
Kobbinghausen,	—	Oestern,	—
Brenke,	—		

und die Gemeinden des Gerichtes Altena, nämlich:

Nettenscheid,	Bauerschaft;	Kalthofen,	Bauerschaft;
Lehne,	—	Wiblingwerde, Ober- und Nieder	
		Bauerschaft;	

Die Bevölkerung dieses Kantons ist 10,137 Seelen.

7. Der Kanton Lüdenscheid,

welcher folgende Gemeinden enthält:

Lüdenscheid, Stadt, Haupt-Ort; — Meinerzhagen, Stadt;
Die Gemeinden des Gerichtes Lüdenscheid, nämlich:

Wehberg,	Bauerschaft;	Hulscheid,	Bauerschaft;
Drescheid,	—	Winkel,	—
Rosmart;	—	Midder,	—
Brüninghausen,	—	Wester,	—
Lerringhausen,	—	Herscheid,	—
Wenninghaus,	—	Ebbe,	—
Brenscheid,	—	Sevringhausen,	—
Mintenbeck,	—	Berg,	—
Winkhausen,	—	Danklinghausen,	—

Die Gemeinden des Gerichtes Meinerzhagen, nämlich:

Kierspe,	Bauerschaft;	Schmidthausen,	Bauerschaft;
Hohenholt,	—	Rade,	—
Hölne,	—	Valbert,	—

Oeste,	Bauerschaft;		Loer,	Bauerschaft;
Wiedenbruch,	—		Beurhaus,	—
Wilkenberg,	—		Genkel,	—
Hardenberg,	—		Lengelscheid,	—
Röhsal,	—			

und die Gemeinden des Kirchspiels Halver, nämlich:

Halver,	Bauerschaft;		Eikhofen,	Bauerschaft;
Ehringhausen,	—		Kampscheid,	—
Bergfeld,	—		Glörfeld,	—
Sommert,	—		Oekinghausen,	—
Lansberg,	—			

Die Bevölkerung dieses Kantons ist 14,827 Seelen.

Bezirk oder Arrondissement Hamm.

Dieser Bezirk wird auf folgende Weise begränzet:

gegen Mitternacht, durch die nördliche Gränze des Ruhr-Departements, von östlich des Dorfes Venne, in dem Fürstenthum Münster, bis auf der Gränze von Rheda.

gegen Morgen, von dem Königreiche Westphalen und von dem Großherzogthum Hessen, nämlich durch die östliche Gränze des Ruhr-Departements, von ihrem Anfange, gegen Mittag, bis unweit des Dorfes Hilbeck, wo sie auf die Gränze des Bezirkes Dortmund trifft;

gegen Mittag und gegen Abend, von dem Bezirke Dortmund, nämlich durch die östliche Gränze dieses Bezirkes, von dem Dorfe Hilbeck, gegen Abend, bis zur westlichen Spitze des Amtes Hamm und von dieser Spitze, gegen Mitternacht, bis östlich des Dorfes Venne, wo sie die nördliche Gränze des Bezirkes findet.

Die Bevölkerung dieses Bezirkes ist 69,143 Seelen.

Er ist in sieben Kantone getheilt.

1. Der Kanton Hamm,

welcher folgende Gemeinden enthält:

Hamm, Stadt, Haupt-Ort;

Die Gemeinden des Amtes Hamm, nämlich:

Suddinker,	Bauerschaft;		Ostünnen,	Bauerschaft;
Wambeln,	—		Westünnen,	—
Allen,	—		Freiske,	—
Rhynern,	—		Ober-Flirich,	—

6)

Mittel-Flirich,	Bauerschaft;	Alt-Bögge,	Bauerschaft;
Lenningsen,	—	Nord-Bögge,	—
Bramey,	—	Wetfeld,	—
Hilbeck,	—	Westerbönen,	—
Sonnern,	—	Osterbönen,	—
Berge,	—	Herringen,	—
Mark,	—	Wischer-Höfe,	—
Werris,	—	Rünte,	—
Braem,	—	Heil,	—
Ostwennemar,	—	Sand-Bochum,	—
Bönen,	—	Pelkum,	—

Die Gemeinden des Gerichtes Haaren-Untrop, nämlich:

Untrop,	Bauerschaft;	Norddinker,	Bauerschaft;
Haaren,	—	Frielinghausen,	—
Schmeehausen,		Berkinghausen,	—

und die Gemeinden des Gerichtes Reck, nämlich:

Reck,	Dorf;	Rottum,	Bauerschaft;
Berg-Kamen,	Bauerschaft;	Derne,	—
Overberge,	—	Lerche,	—

Die Bevölkerung dieses Kantons ist 12,510 Seelen.

2. Der Kanton Soest,

welcher folgende Gemeinden enthält:

Soest, Stadt, Haupt-Ort.

Die übrigen Gemeinden der sogenannten Soester Boerde, nämlich:

Deiringsen,	Bauerschaft;	Opmünden,	Bauerschaft;
Ampen,	—	Bensingsen,	—
Lütken-Ampen,	—	Meiningsen,	—
Hiddingsen,	—	Epsingsen,	—
Nepelohe		Meckingsen,	—
Lendringsen,	—	Katrop,	—
Mühlingsen,	—	Haltrop,	—
Bergede,	—	Heppen,	—
Elfern,	—	Lürringsen,	—
Sassendorf,	—	Balksen	
Ostönnen,	—	Borgeln,	—
Röttingsen,	—	Berwicke,	—
Lohne,	—	Stocklern,	—
Neuen-Gesefe,	—	Hattropholsen,	—
Eckesen,	—	Blomroth,	—
Herringen,	—	Weslarn,	—

Brockhausen,	Bauerschaft;		Flerke,	Bauerschaft;
Dinker,	—		Recklingsen,	—
Mateln,	—		Schwefe,	—
Vellingsen,	—		Einecke,	—
Eilmsen,	—		Einkelhoffen,	—
Welver,	—		Merklingsen,	—
Meyerke,	—		Ehingsen,	—
Klotingen,	—		Enkesen,	—

Die Bevölkerung dieses Kantons ist 15,582 Seelen.

3. Der Kanton Ahlen,

welcher folgende Gemeinden enthält:

Ahlen, Stadt, Haupt-Ort; — Sendenhorst und Drensteinfurth, Städte;
Die Kirchspiele Alt-Ahlen und Neu-Ahlen;

das Kirchspiel Sendenhorst;		das Kirchspiel Walstede;
, — Drensteinfurth;		, — Bockum;
, — Heessen;		, — Hövel;

Die Bevölkerung dieses Kantons ist 10,491 Seelen.

4. Der Kanton Beckum,

welcher folgende Gemeinden enthält:

Beckum, Stadt, Haupt-Ort;

das Kirchspiel Beckum;		Das Kirchspiel Vellern;
, — Dolberg;		, — Sünninghausen;
, — Untrop;		, — Vorhelm;
, — Lippborg;		, — Enniger;
, — Herzfeld;		

Die Bevölkerung dieses Kantons ist 10,294 Seelen.

5. Der Kanton Oelde,

welcher folgende Gemeinden enthält:

Oelde, Stadt, Haupt-Ort; — Stromberg, Stadt;

das Kirchspiel Oelde;		das Kirchspiel Diestedde;
, — Stromberg;		, — Liesborn;
, — Ostenfelde;		, — Waterslohe;
, — Enningerlohe;		

Die Bevölkerung dieses Kantons ist 12,505 Seelen.

6. Der Kanton Lippstadt,

welcher die Stadt Lippstadt enthält:

Seine Bevölkerung ist 2,961 Seelen.

7. Der Kanton Rheda,

welcher folgende Gemeinden enthält:

Rheda, Stadt, Haupt-Ort;

und die übrigen Gemeinden der Herrschaft Rheda, nämlich:

Gütersiohe,	Bauerschaft;	Herde,	Bauerschaft;
Herzebrock,	—	Lette,	—
Brock,	—	Nord-Rheda,	—
Groppel,	—	Ems-Bauerschaft,	—
Quenhorn,	—	Pavenstedt,	—
Pexel,	—	Blankenhagen,	—
Bredecke,	—	Sundern,	—
Klarholz,	—	Nordhorn,	—

Die Bevölkerung dieses Kantons ist 5,000 Seelen.

Departement der Ems.

Dieses Departement bestehet aus dem nördlichen Theile des Fürstenthums Münster; und aus den Grafschaften Bentheim (mit Einschluß der Herrlichkeit Lage) Horstmar, Steinfurt, Rheina-Wolbeck, Tecklenburg und Lingen.

Seine Bevölkerung ist 210,201 Seelen.

Das Departement ist auf folgende Weise begränzet:

gegen Mitternacht, von dem Königreiche Holland, nämlich durch die nördliche Gränze der Grafschaft Bentheim; diese nimmt ihren Anfang nördlich des Dorfes Laarwalde, in der genannten Grafschaft, und endiget sich, in ihrer Richtung von Abend gegen Morgen, bey der Kolonie Adorf, wo sie die Gränze des Arembergischen Gebietes findet, und von dem Herzogthum Aremberg; die Gränze folgt von dem eben bezeichneten Punkte der gemeinschaftlichen Gränze der Grafschaft Bentheim und des alten Herzogthums Arem-berg, bis unweit des Stiftes Witmarschen, wo sie auf die nördliche Gränze der Grafschaft Rheina-Wolbeck trifft; sie folgt demnächst dieser letztern bis zu dem Dorfe Alten-Lingen, wo sie den Ems-Fluß und mit demselben die Gränze der Grafschaft Lingen erreicht; endlich verfolgt sie die gemeinschaftliche Gränze zwischen Lingen und dem alten Herzogthum Arem-berg, bis diese nördlich des Dorfes Wettrup in der Grafschaft Lingen an die Gränze des ehe-maligen Bisthums Osnabrück sich anschließt;

gegen Morgen, von dem Königreiche Westphalen, nämlich durch die Linie welche die Länder Osnabrück und Ravensberg, von den Grafschaften Lingen und Tecklenburg, und von dem Fürstenthum Münster trennt; diese Gränze nimmt ihren Anfang nördlich des Dorfes Wettrup, und bildet dann bis zu dem Tecklenburgischen Kirchspiele Schale die östliche Gränze der Grafschaft Lingen; hier umgibt sie das genannte Kirchspiel gegen Morgen, vereinigt sich darauf wieder mit der östlichen Gränze von Lingen, und folgt dann dieser bis zur nördlichen Gränze der Grafschaft Tecklenburg; von hier folgt sie der gemeinschaftlichen Gränze zwischen Tecklenburg und Osnabrück, welche, nachdem sie die genannte Grafschaft gegen Mitternacht und Morgen umgeben hat, südlich des Tecklenburgischen Dorfes Kattenvenne, an die östliche Gränze des Fürstenthums Münster sich anschließt; sie verfolgt hiernächst die gemeinschaftliche Gränze des Bisthums Osnabrück und des Fürstenthums Münster bis zur Gränze der Graf-schaft Ravensberg, und gehet endlich mit der gemeinschaftlichen Gränze dieser Grafschaft und des genannten Fürstenthums, bis zu dem Stifte Marienfelde, wo sie die nördliche Gränze des Ruhr-Departements findet;

gegen Mittag, von dem Departement der Ruhr, nämlich durch die nördliche Gränze die-ses Departements von dem Stifte Marienfelde, bis zu dem Hause Gisking in ihrer Richtung von Morgen gegen Abend, wo sie an die Gränze der Grafschaft Horstmar sich anschließt;

und von dem Herzogthum Aremberg, nämlich durch die gemeinschaftliche Gränze der Graf-schaft Horstmar und des Herzoglich-Arembergischen Amtes Dülmen; diese Gränze nimmt ihren Anfang bey dem Hause Gisking und endigt sich in ihrer Richtung von Morgen gegen Abend auf der Gränze des Fürstenthums Salm-Kirburg, bey dem Austritte des Hallape-Baches von der Horstmar'schen Gränze;

gegen Abend, von dem Fürstenthum Salm-Kirburg, nämlich durch die gemeinschaft-liche Gränze dieses Landes und der Grafschaft Horstmar; diese Gränze fängt bey dem Aus-tritte des Hallape-Baches von der Horstmar'schen Gränze an, wendet sich dann gegen Mit-ternacht, und endigt sich hierauf unweit des Horstmar'schen Dorfes Epe, auf der Gränze von Holland; und von dem Königreiche Holland, nämlich durch die Gränze, welche das holländische Gebiet von den Grafschaften Horstmar und Bentheim scheidet; diese Gränze nimmt ihren Anfang westlich des Dorfes Epe, und gehet demnächst, von Mittag gegen Mitternacht, bis nördlich des Dorfes Laarwalde, wo sie die nördliche Gränze des Departements findet.

Dieses Departement ist in drey Bezirke oder Arrondissements getheilt.

Bezirk oder Arrondissement Münster.

Dieser Bezirk wird auf folgende Weise begränzet:

gegen Mitternacht, durch eine Linie welche auf der östlichen Gränze der Grafschaft Horstmar anfängt, demnächst das Kirchspiel Emsdetten in der Grafschaft Rheina-Wolbeck, das Kirchspiel Saarbeck in dem Fürstenthum Münster, und die Kirchspiele Ladbergen, Lengerich und Leeden, in der Grafschaft Tecklenburg gegen Mitternacht umgibt, und welche hierauf an die östliche Gränze des Ems-Departements sich anschließt;

gegen Morgen, von dem Königreiche Westphalen, nämlich durch die östliche Gränze des Ems-Departements von nördlich des Tecklenburgischen Dorfes Leeden, südwärts, bis auf die Gränze von Rheda;

gegen Mittag, von dem Departement der Ruhr, nämlich durch die mittägliche Gränze des Ems-Departemets, von dem Stifte Marienfelde, westwärts, bis zu dem Hause Gisking.

gegen Abend, durch eine Linie welche die Kirchspiele Appelhülsen, Notteln und Schapdetten gegen Morgen umgibt, und welche sich hierauf mit der gemeinschaftlichen Gränze des Fürstenthums Münster und der Grafschaft Horstmar vereinigt; sie folgt demnächst dieser letztern bis zu dem Münsterischen Stifte Hohenholte, wo sie an die westliche Gränze von Rheina-Wolbeck sich anschließt; mit dieser führet sie dann endlich gegen Mitternacht, bis sie westlich des Dorfes Emsdetten des Bezirkes nördliche Gränze findet.

Die Bevölkerung dieses Bezirkes ist 80,918 Seelen.

Er ist in sieben Kantone getheilt.

1. Der Kanton Münster,

welcher die Stadt Münster enthält.

Seine Bevölkerung ist 14,379 Seelen.

2. Der Kanton St. Mauritz,

welcher folgende Gemeinden enthält:

St. Mauritz, Stift, Haupt-Ort;

das Kirchspiel St. Mauritz;		das Kirchspiel Amelsbühren;
— St. Lamberti;		— Hiltrup;
— Ueberwasser;		— Angelmodde;
— Nienberge;		— Wolbeck;
— Roxel;		— Handorf;
— Albachten;		— Alverslohe;
— Bösensell;		— Rinkenrodde;

Die Bevölkerung dieses Kantons ist 11,751 Seelen.

3. Der Kanton Greven,

welcher folgende Gemeinden enthält:

Greven, Dorf, Haupt-Ort;

das Kirchspiel Greven;		das Kirchspiel Nordwalde;
— Gimte;		— Hembergen;
— Saarbeck;		— Emsdetten;
— Altenberge;		

Die Bevölkerung dieses Kantons ist 13,502 Seelen.

4. Der Kanton Telgte,

welcher folgende Gemeinden enthält:

Telgte, Stadt, Haupt-Ort;

das Kirchspiel Telgte;		das Kirchspiel Eine;
— Westbeveren;		— Everswinkel;
— Ostbeveren;		— Alverskirchen;

Die Bevölkerung dieses Kantons ist 9,525 Seelen.

5. Der Kanton Lengerich,

welcher folgende Gemeinden enthält:

Lengerich, Stadt, Haupt-Ort;

und die übrigen Gemeinden des Kirchspiels gleiches Namens, nämlich:

Wechte,	Bauerschaft;	Scholbruch,	Bauerschaft;
Hone,		Introp,	
Ringel,	—	Settel,	—
Aldrup,		Nieder-Lengerich,	
Andrup,			

Die Gemeinden des Kirchspiels Ladbergen, nämlich:

| Ladbergen, | Dorf; | Westerbeck, | Bauerschaft; |
| Oberbeck, | Bauerschaft; | Holter, | — |

Die Gemeinden des Kirchspiels Lienen, nämlich:

Lienen,	Bauerschaft;	Holzhausen,	Bauerschaft;
Dorfbauer,	—	Meckelwege,	—
Altrup,	—	Kattenvenne,	—
Westerbeck,	—	Hinterbergen,	—
Höchste,	—		

und die Gemeinden des Kirchspiels Leeden, nämlich:

| Leeden, | Dorf; | Loose, | Bauerschaft; |
| Oberberg, | Bauerschaft; | | |

Die Bevölkerung dieses Kantons ist 11,569 Seelen.

6. Der Kanton Wahrendorf,

welcher folgende Gemeinden enthält:

Wahrendorf, Stadt, Haupt-Ort; — Freckenhorst, Stadt;

das Kirchspiel Alt-Wahrendorf;	das Kirchspiel Hötmar;
— Neu-Wahrendorf;	— Westkirchen;
Freckenhorst;	

Die Bevölkerung dieses Kantons ist 10,153 Seelen.

7. Der Kanton Sassenberg,

welcher folgende Gemeinden enthält:

Sassenberg, Stadt, Haupt-Ort; — Harsewinkel, Stadt;

das Kirchspiel Sassenberg;	das Kirchspiel Füchtorf;
— Harsewinkel;	— Greffen;
— Milte;	— Beelen;

Die Bevölkerung dieses Kantons ist 10,039 Seelen.

Bezirk oder Arrondissement Koesfeld.

Dieser Bezirk wird auf folgende Weise begränzet:

gegen Mitternacht, durch eine Linie, welche von den, auf der westlichen Gränze der Grafschaft Bentheim gelegenen Häusern, genannt die Haar, die Dörfer Wengsel und Neerlage in eben derselben Grafschaft, gegen Mitternacht umgibt, und welche hierauf auch die Kirchspiele Salzbergen, Rheina und Dreyerwalde, in der Grafschaft Rheina-Wolbeck und dem Fürstenthum Münster, nach eben jener Seite umschließt;

gegen Morgen, durch eine Linie welche die Kirchspiele Dreyerwalde und Rheine gegen Morgen umgibt, und welche hierauf nördlich der Dörfer Emsdetten und Saarbeck an die nördliche Gränze des Bezirkes Münster sich anlehnt; die Gränze folgt dann dieser letztern von Morgen gegen Abend, bis zur östlichen Gränze der Grafschaft Horstmar, von wo an sie längst der westlichen Gränze des Bezirkes Münster gegen Süden sich wendet, bis sie bey dem Hause Gisking auf die mittägliche Gränze des Ems-Departements trifft;

gegen Mittag, von dem Herzogthum Aremberg, nämlich durch die mittägliche Gränze des Ems-Departements, inwiefern dasselbe von dem genannten Herzogthum begränzet wird;

gegen Abend, von dem Fürstenthum Salm-Kirburg und von dem Königreiche Holland, nämlich durch die westliche Gränze des Ems-Departemens, von ihrem Anfange gegen Mitternacht, bis zu den Häusern genannt die Haar.

Die Bevölkerung dieses Bezirkes ist 62,958 Seelen.

Er ist in sechs Kantone getheilt.

1. Der Kanton Koesfeld,

welcher folgende Gemeinden enthält:

Koesfeld, Stadt-Haupt-Ort;

das Kirchspiel St. Lamberti;		das Kirchspiel Holtwick;	
' — St. Jakobi;		' — Osterwick;	
' — Lette;		' — Legden;	
' — Rorup;		' — Asbeck;	
' — Darup;			

Die Bevölkerung dieses Kantons ist 13,195 Seelen.

2. Der Kanton Billerbeck,

welcher folgende Gemeinden enthält:

Billerbeck, Flecken, Haupt-Ort;

das Kirchspiel Billerbeck;		das Kirchspiel Havixbeck (mit der Abtey	
' — Nottuln;		Hohenholte);	
' — Appelhülsen;		' — Höppingen;	
' — Schapdetten;		' — Darfeld;	
und die Gemeinde Beerlage.			

Die Bevölkerung dieses Kantons ist 10,534 Seelen.

7)

3. Der Kanton Horstmar,

welcher folgende Gemeinden enthält:

Horstmar, Flecken, Haupt-Ort;
Steinfurt, Stadt;
Meteln, Stadt;
Schöppingen, Flecken

und die übrigen Zubehörungen der Kirchspiele gleicher Namen;

das Kirchspiel Laer;
— Leer;
— Holthausen;
das Kirchspiel Borghorst;
— Eggenradde;

Die Bevölkerung dieses Kantons ist 11,668 Seelen.

4. Der Kanton Ochtrup,

welcher folgende Gemeinden enthält:

Ochtrup, Flecken, Haupt-Ort; — Nienburg und Gronau, Flecken;

und die übrigen Zubehörungen der Kirchspiele gleicher Namen;

das Kirchspiel Langenhorst;
— Wellbergen;
— Wettringen;
das Kirchspiel Heek;
— Epe;

Die Bevölkerung dieses Kantons ist 11,985 Seelen.

5. Der Kanton Rheine,

welcher folgende Gemeinden enthält:

Rheine, Stadt, Haupt-Ort;
das Kirchspiel Rheine;
— Salzbergen;
das Kirchspiel Neuenkirchen;
— Mesum;
— Dreyerwalde;

Die Bevölkerung dieses Kantons ist 9,160 Seelen.

6. Der Kanton Bentheim,

welcher folgende Gemeinden enthält:

Bentheim, Flecken, Haupt-Ort; — Schüttorf, Stadt;

und die übrigen Gemeinden der Gerichte Bentheim und Schüttorf, nämlich:

Gildehaus,   Bauerschaft;
Hagelshök,   —
Syringshök,   —
Achterberg,   —
Westenberg,   —
Bardel,   —
Holt und Haar,   —
Waldseite,   Bauerschaft;
Quendorf,   —
Wengsel,   —
Neerlage,   —
Suddendorf,   —
Samern,   —
Ohne,   —

Die Bevölkerung dieses Kantons ist 6,416 Seelen.

Bezirk oder Arrondissement Lingen.

Dieser Bezirk wird auf folgende Weise begränzet:

gegen Mitternacht, von dem Königreiche Holland und von dem Herzogthum Arem-berg, nämlich durch die mitternächtliche Gränze des Ems-Departements, so wie dieselbe oben beschrieben ist.

gegen Morgen, von dem Königreiche Westphalen; die Gränze ist die nämliche mit der östlichen Gränze des Ems-Departements, bis nördlich des Dorfes Leeden, wo sie die Gränze des Bezirkes Münster findet;

gegen Mittag, von dem Bezirke Münster, nämlich durch die nördliche Gränze dieses Be-zirkes, von dem Dorfe Leeden gegen Abend, bis nördlich der Dörfer Emsdetten, und Saar-beck, wo sie auf die östliche Gränze des Bezirkes Koesfeld trifft;

und von dem Bezirke Koesfeld, nämlich durch die östliche Gränze dieses Bezirkes, von dem eben bezeichneten Punkte gegen Mitternacht, bis zu seiner nördlichen Gränze, welche letztere sie demnächst gegen Abend, bis zur westlichen Gränze des Ems-Departements verfolgt;

und gegen Abend, von dem Königreiche Holland, nämlich durch die westliche Gränze des Ems-Departements von den Häusern genannt die Haar, bis zu dem Dorfe Laarwalde, wo sie des Bezirkes mitternächtliche Gränze findet;

Die Bevölkerung dieses Bezirkes ist 66,325 Seelen.
Er ist in sechs Kantone getheilt.

1. Der Kanton Lingen,
welcher folgende Gemeinden enthält:

Lingen, Stadt, Haupt-Ort;
Die übrigen Gemeinden des Kirchspiels gleiches Namens, nämlich:

Altenlingen,	Bauerschaft;	Brogbern,	Bauerschaft;
Kapten,	—	Bienen,	
Brockhausen,	—	Hengeneu,	

Die Gemeinden des Kirchspiels Bawinkel, nämlich:

Bawinkel,	Dorf;	Klufort,	Bauerschaft;
Bramhar,	Bauerschaft;	Dusenburg,	
Plankort,			

die Gemeinden des Kirchspiels Bakum, nämlich:

| Bakum, | Dorf; | Ramsel, | Bauerschaft; |
| Mennigbühren, | Bauerschaft; | | |

Die Gemeinden des Kirchspiels Bramsche, nämlich:

Bramsche,	Dorf;	Huvede,	Bauerschaft;
Mundersum,	Bauerschaft;	Sommeringen,	—
Estringen,	—	Polle,	—
Rottum,		Wesel,	—

Die Gemeinden des Kirchspiels Plantlünen, nämlich:

Plantlünen,	Dorf;	Varenrode,	Bauerschaft;
Oldenlünen,	Bauerschaft;	Spellen,	—
Heitel,			

und die Kirchspiele Schepsdorf und Emsbühren.

Die Bevölkerung dieses Kantons ist 12,365 Seelen.

2. Der Kanton Nordhorn,

welcher folgende Gemeinden enthält:

Nordhorn, Stadt, Haupt-Ort;

die übrigen Gemeinden des Gerichtes gleiches Namens, nämlich:

Frensdorf,	Bauerschaft;	Hestrup,	Bauerschaft;
Biemolt,	—	Hesepe,	—
Backelt,	—	Altendorf,	—
Borkholt,	—	Hohenkörben,	—
Brandlecht,	—		

die Gemeinden der Gerichte Witmarschen und Velthausen, nämlich:

Neuenhaus,	Stadt;	Osterwalde,	Bauerschaft;
Witmarschen,	Bauerschaft;	Pikardie,	—
Velthausen,	—	Adorf,	—
Grasdorf,	—	Teich und Tesingfeld,	—
Esche,	—	Veldgar,	—

und das Dorf Lage, welches die Herrlichkeit gleiches Namens bildet.

Die Bevölkerung dieses Kantons ist 9,401 Seelen.

3. Der Kanton Emlingkamp,

welcher folgende Gemeinden enthält:

Emblicheim, Dorf, Haupt-Ort;

die übrigen Gemeinden der Gerichtes gleiches Namens, nämlich:

Großeringen,	Bauerschaft;	Balhorn,	Bauerschaft;
Kleineringen,	—	Berge,	—
Echteler,	—	Hochstädte,	—
Balzel,	—	Tinhold,	—
Laarwalde,	—	Arkel,	—
Scherhorn,	—		

und die Gemeinden des Gerichtes Uelsen, nämlich:

Uelsen,	Bauerschaft,	Wylen,	Bauerschaft;
Höltenkamp,	—	Hardighausen,	—
Hohenhesingen,	—	Wilsum,	—
Halle,	—	Striepe,	—
Hardingen,	—	Balderhaar,	—
Brechlenkamp,	—	Geterlohe,	—
Lenke,	—	Hastenkamp,	—
Hilten,	—	Goelenkamp,	—
Binnenborg,	—	Itterbecke,	—
Butenborg,			

Die Bevölkerung dieses Kantons ist 7,725 Seelen.

4. Der Kanton Freren,

welcher folgende Gemeinden enthält:

Freren, Stadt, Haupt = Ort;

die übrigen Gemeinden des Kirchspiels gleiches Namens, nämlich:

Anderenne,	Bauerschaft;	Königsstraße,	Bauerschaft;
Ostoje,	—	Geringhausen,	—
Lünsfeld,	—	Settlage,	—

Die Gemeinden des Kirchspiels Thunie, nämlich:

Thunie,	Dorf;	Loo,	Bauerschaft;
Thuine,	Bauerschaft;	Messingen,	—
Venslage,	—	Bramsel,	

Die Gemeinden des Kirchspiels Beesten, nämlich:

Beesten,	Dorf;	Talge,	Bauerschaft;
Welsten,	Bauerschaft;	Schardingen,	—
Suttrop,			

und die Gemeinden des Kirchspiels Lengerich, nämlich:

Lengerich,	Dorf;	Hestrup,	Bauerschaft;
Rendrup,	Bauerschaft;	Handrup,	—
Sudderich,	—	Drope,	—
Espeln,	—	Gersten,	—
Wettrup,	—	Langen,	—

Die Bevölkerung dieses Kantons ist 12,092 Seelen.

5. Der Kanton Ibbenbühren,

welcher folgende Gemeinden enthält:

Ibbenbühren, Stadt, Haupt = Ort;

und die übrigen Gemeinden des Kirchspiels gleiches Namens, nämlich:

Alstede,	Bauerschaft;	Püsselbüren u. Uffeln,	Bauerschaft;
Osterledde,	—	Bockraden,	—
Lagenbek,	—	Schusberg,	—
Arente und Lehen,	—	Schirlohe,	

Die Gemeinden des Kirchspiels Recke, nämlich:

Recke,	Dorf;	Steinbeck,	Bauerschaft;
Sunderbauer,	Bauerschaft;	Halwerden,	—
Espel,			

die Gemeinden des Kirchspiels Metingen, nämlich:

Metingen,	Dorf;	das Dorf Schapen, mit Zubehörungen:
Westerbauer,	Bauerschaft;	das Kirchspiel Schale;
Osterbauer,	—	und das Kirchspiel Hopsten,

Die Bevölkerung dieses Kantons ist 12,602 Seelen.

6. Der Kanton Tecklenburg,

welcher folgende Gemeinden enthält, nämlich:

Tecklenburg, Stadt, Haupt-Ort; — Bevergern, Kappeln, Städte;

die übrigen Gemeinden des Kirchspiels Kappeln, nämlich:

Osterbeck,	Bauerschaft;	Hondarpe,	Bauerschaft;
Westerbeck,	—	Dute,	—
Seelich,	—	Lede,	—
Metten,	—	Seeste,	
Hombüren,	—		

die Gemeinden des Kirchspiels Wersen, nämlich:

Wersen, Dorf und Bauerschaft; — Holen, Bauerschaft;

die Gemeinden des Kirchspiels Lotte, nämlich:

Lotte, Dorf und Bauerschaft; — Osterlotte, Bauerschaft;

die Gemeinden des Kirchspiels Ledde, nämlich:

Ledde, Dorf; — Oberbauer, Wieck, Bauerschaften;

die Gemeinden des Kirchspiels Brochterbeck, nämlich:

Brochterbeck,	Dorf;	Holthufen,	Bauerschaft;
Dannebrock,	Bauerschaft;	Horstmersch,	—
Ober- und		Lünen u. Woßen,	—
Niederdorf,	—	und das Kirchspiel Riesenbeck.

Die Bevölkerung dieses Kantons ist 12,140 Seelen.

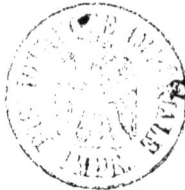

Für gleichlautende Abschrift,

Der Reichsgraf und Finanz-Minister,

Unterz: Gaudin.